Whole Foods Studioの
セルフ・ヒーリング・クッキング

玄米、豆、野菜、海草で元気を引き出す毎日のごはん

天野 朋子
Tomoko Amano

Self
Healing
Cooking

学陽書房

本書を
「食べものとからだ・こころのつながり」
について考えるときに、
本当に大切なことを私に教えてくださった
ルチ（Luchi Baranda）先生に、
限りない感謝とともに捧げます。

はじめに

マクロビオティックとナチュラルクッキングのちいさな料理教室をスタートして、5年が経ちました。毎月、たくさんの方々が教室に来てくださっています。本当に、ありがたい仕事だと思っています。

教室を始めたきっかけであり、そして今もずっと変わらずわたしの中にあるのは、「楽しくつくって、おいしく食べて、しかも、それがからだにいい」というお料理を、できるだけたくさんの方に紹介したい、という願いです。わたしにとってのいちばんの喜びは、教室で生徒さんたちが楽しそうにお料理してくださること、できあがったお料理を「おいしい、おいしい」と食べてくださること、そして、「体調がよくなりました」という言葉をきくこと。「おかげさまで体調がよくなりました。ありがとうございました！」という言葉を、たくさんいただきます。すごく、うれしいです。でもそれは、わたしの「おかげ」では、もちろん、ありません。みなさんが、「自分を元気にすることができるのは、ほかならぬ、自分」という大切なことに、気づいてくださったからなのです。

植物が、太陽の光と、水と、大地の栄養分で成長していくように、わたしたちはみんな、自分が食べたものでできています。植物が、きれいな水や、清浄かつ豊潤な土でよく育つように、わたしたちも、からだがスムーズに受け入れることができ、無駄なく活用でき、スムーズに代謝することのできるもの

を食べることによって、からだもこころも心地よく過ごすことができます。

それは決して、特別な食べものではありません。穀物、野菜、豆、海草、味噌や醤油、漬け物。はるか古代から、わたしたちの暮らしを支えてきてくれた食材が、わたしたちを元気にしてくれるのです。こういった素材を中心にしてつくる毎日のごはんが、からだとこころの、しっかりとした土台となってくれます。

穀物、野菜や豆、海草、日本の伝統的な調味料や漬け物が、からだとこころにどんな作用をもたらしてくれるのか、伝統的な食生活や先人の知恵から学び、その知識を現代に暮らすわたしたちの毎日の生活にとり入れることによって、「自分で自分を元気にする」ことが、できるのです。

どんな食材が、どんな力を自分のからだとこころにもたらしてくれるのかを知り、その知識をもとに、自分の食べるものを選び、楽しく調理して、おいしく食べて、元気になる。

この、とってもシンプルだけれども、わたしを含めてたくさんの人たちが実感している考え方を、もっともっと多くの方々に知っていただきたい。そんな気持ちで、この本をつくりました。

ごはんをつくること、食べることが大好きな方、明日、今日よりももっと元気な自分でいたいと思う方、そんなみなさんに活用していただけたら、これほどうれしいことはありません。

CONTENTS

Chapter 1

セルフ・ヒーリング・メニュー

- 4 はじめに
- 8 セルフ・ヒーリング・クッキングという考え方

14 セルフ・ヒーリングのための基本メニュー
毎日のごはん編
- 16 基本の玄米ごはんの炊き方・だしのとり方・味噌汁のつくり方
- 18 春のメニュー
  春の玄米ごはん／春の味噌汁／蒸したまねぎ 梅ソース／テンペと人参の煮物／わかめと青菜のごま風味サラダ
- 22 夏のメニュー
  とうもろこしと玄米の土鍋ごはん／冷やし汁／スチームド・サマー・ベジタブル（夏の蒸し野菜）／海苔の煮ない佃煮
- 26 秋のメニュー
  ひよこ豆とカリフラワーのシチュー／ひじきといろいろ根菜の重ね煮／もち米と玄米ごはん
- 30 冬のメニュー
  黒豆入り玄米ごはん／そば粒入りチャイニーズスープ／昆布と人参のごま煮／ダブル大根のプレスサラダ

34 セルフ・ヒーリングのための基本メニュー編
体調回復のためのヒーリング・メニュー編

- 36 ●パワー不足のときのレシピ
- 38 ひじきと油揚げの炊き込みごはん
- 39 大根と山芋の味噌汁
- 40 車麩とごぼうの味噌煮込み
- 41 セイタン入りブロッコリーの黒ごま和え
- 42 ●リラックスしたいときのレシピ
- 44 マカロニ・キャベツの豆腐ソース添え
- 45 押し麦とセロリのスープ
- 46 あらめとレタスのサラダ仕立て
- 47 アップルゼリー
- 48 ●デトックスしたいときのレシピ
- 50 玄米おむすび
- 51 大根と切干大根と干し椎茸のデトックス・スープ
- 52 あずきのノンオイル・シチュー
- 53 切干大根とキャベツのプレスサラダ
- 54 ●甘いものがやめられない人におすすめのレシピ
- 56 かぼちゃ入り玄米ごはん
- 57 もちきびと甘い野菜のシチュー
- 58 あらめとたまねぎととうもろこしの煮物
- 59 かぶとかぶの葉のウォーターソテー
- 60 ●むくみや便秘がちなときにおすすめのレシピ
- 62 ハトムギ入り玄米ごはん
- 63 あずきとかぼちゃのスープ
- 64 切干大根と根菜の煮物

●この本のレシピについて
・この本で使用している計量の単位は、1カップ＝200ml、大さじ1＝15ml、小さじ1＝5mlです。
・レシピ中に「塩」とあるのはすべて自然海塩のこと、「豆乳」とあるのは無調整豆乳のこと、また、「地粉」とあるのは無漂白の国産小麦のことです。
・「水」はできるだけ浄水器を通したもの、「豆腐」は化学的な凝固剤や消泡剤を使用していないもの、また「葛」は本葛を使うことをおすすめします。
・レシピに記載している調味料の量は、あくまで「めやす」です。お好みに合わせて、増減してください。

Chapter 2 毎日続けてほしいから

66 続けていくためのヒント
68 使いまわしレシピ①…豆　基本のレンズ豆の煮方…レンズ豆の水煮
69 使いまわしレシピ1　レンズ豆と野菜の煮込み
70 使いまわしレシピ2　レンズ豆のコロッケ
71 使いまわしレシピ3　レンズ豆のパテ
72 使いまわし②：雑穀　基本のタカキビの炊き方
73 使いまわしレシピ1　タカキビの麻婆豆腐
74 使いまわしレシピ2　タカキビの焼き春巻き
75 使いまわしレシピ3　タカキビのスープ
76 使いまわし③…できたおかず
77 たくさんできたら活用しようレシピ1　レンズ豆と野菜のスープ
78 たくさんできたら活用しようレシピ2　切干大根と根菜の煮物のサンドイッチ
79 たくさんできたら活用しようレシピ3　昆布と人参のごま煮の混ぜごはん
80 毎日少しずつ　バリエーション力
82 Column 食材の保管

Chapter 3 パートナーや家族と楽しく続けてほしいから

84 パートナーや家族と続けていくためのヒント
86 ●肉が大好きな人におすすめのレシピ
87 高野豆腐のカツ
88 テンペの照り焼きサンドイッチ
89 黒豆とオートミール入りのでっかい餃子
90 ミートソース風パスタ
92 ●思いっきりおいしいスイーツが食べたいときのレシピ
94 いちごのショートケーキ
96 クッキー2種　シナモンレーズン・ロールクッキー　ココアのジャムサンド・クッキー
96 和風モンブラン
100 セルフ・ヒーリング・ライフスタイル
106 玄米と雑穀類／野菜／豆／海草／調味料　おすすめ食材の入手先＆方法
108 おわりに

Self Healing Cooking

セルフ・ヒーリング・クッキングという考え方

セルフ・ヒーリング・クッキング——これは、べつに難しいことではありません。「どんな食べものが、どんな作用を、からだとこころにもたらしてくれるのか」を知り、その知識をもとに、あなた自身の、そしてあなたが「いつも元気でいてもらいたい」と思っている人の体調や季節に合わせて食材を選び、調理方法を選ぶ——これが、わたしの考えるセルフ・ヒーリング・クッキングのベーシックです。

「よい食べもの」「悪い食べもの」は、ない

マクロビオティックやナチュラルフードに興味のある方から、よく、「〇〇はからだによくないから、食べてはいけないのですよね」と質問されます。あるいは、「〇〇によい食べものは、なんですか」と聞かれることもあります。

「よい」「悪い」とは、なんでしょう？

ずっと昔から、人間は、「食べもののもつ力」を知っていました。これを食べるとからだが温まる、これを食べるとからだが冷える、これを食べるとむくみがとれる、これ

を食べると解毒作用がある……。このような知識をもとに、四季折々の恵みを食卓にのせて、楽しむとともに体調管理をしてきたのですね。

たとえば、暑い真夏に冷たいキュウリを生で食べると、スーッと冷えて気持ちがいいけれど、もし、ただでさえ寒い一月や二月に、生のキュウリをたくさん食べてしまったら……もっとからだが冷えて、さらに寒くなってしまうということになります。これは、食べるタイミングによっては、食べものが、「からだによい作用をもたらすこともあれば、負担をかけることもある」、という一例です。

あるいは、にんにく。わたしも昔から大好きな素材で、独特の香りで食欲を増進するため、料理をおいしくしてくれます。ただ、強い刺激があるため、皮膚や呼吸器に炎症が起きているような場合は、食べると症状が悪化してしまう可能性があります。これは、食べる人の体調によっては、「避けた方がいい」、という一例です。

そして、玄米。全粒穀物（精製していない、まるごとの穀物）は、わたしたちのからだをつくり、毎日の活動のエネルギーになる、とても大切な食材です。でも、たとえば真夜中に、玄米ご飯をよく噛まないで大量に食べるような生活を毎日続けてしまったら、どうでしょう？　消化器官

食材の力を日々の健康管理に役立てていたといいます。今のわたしたちとは異なり、ほとんど自然の流れに逆らわない生活をしていたことによって、それができたのでしょう。自分に今どんな食べものが必要なのか、自分のからだの声を聞くことも、今のわたしたちよりも、ずっと上手だったのだと思います。

わたしたちは、今、便利ではあるけれども人工的な環境に住み、工業的に生産された食べものを中心に食べているため、しだいに本能的な感覚がにぶり、そういったことがなかなか判断できなくなってしまっています。複雑で治療の難しい病気がますます増えているのも、食生活やライフスタイルが昔とは大きく変わってしまい、からだやこころへの負担が増えているためだと考えられます。

ライフスタイル全体を変えるのは、現実的にはなかなかたいへんなことです。住む環境や仕事は、そう簡単には替えることはできません。それでも、日々、自分自身で選択できることは、そんなに難しいことではないと思います。「なにを食べるか」ということも、日々、自分自身で選択できること。それを少し見直すことによって、自分の力で、自然の流れに逆らわない生き方、自分をもっと元気にできるようなライフスタイルを始めてみませんか。

に負担がかかり、かえって体調が悪くなってしまうかもしれません。これは、どんなによい食べものでも、タイミングや食べ方によっては害になる、という一例です。

このように、「よい」「悪い」だけを気にするよりも、なにを、どんなタイミングで、どんな食べ方をするか、といったことに、より気をつける方が、じつは重要なのではないかと思います。もちろん、明らかにからだに負担をかけるものは、避けるにこしたことはないですが、たとえよいものであっても、「季節や食べ方によってはからだに負担をかけることもある」ということを理解し、また「健康な場合なら多少食べても問題ないけれど、体調が悪いときには避けた方がよい」ものもある、ということもある、わかっていた方がいいですよね。逆に、そのような食品は健康なときには、それほど神経質に避ける必要もないわけですし。

つまり、大切なことは、自分自身のからだの声を聞いて、自分には、今、どんな食べものが必要なのか、を知ることだと思います。結局は、「一般的に」よいのか、悪いのかとではなく、「今の自分にとって」よいのか、悪いのかを判断することが重要だと思います。

自然の流れに逆らわないで生きる

このように、同じ食べものでも、季節や気温、食べる人の体調によって、からだの「受け取り方」が違う、ということを知るのは、とても大切なことです。世界中どんな地域でも、昔の人はそれを本能的に知っていて、いろいろな

セルフ・ヒーリングのための食生活のヒント

まず、セルフ・ヒーリングのための、「自然の流れになるべく逆らわない」食生活のポイントについて考えてみます

しょう。

● We Are What We Eat ── わたしたちは、自分が食べたものでできている

わたしたちの周りには、ありとあらゆる食べものがあふれています。新鮮な野菜や昔ながらの味噌、醤油から、なにが原料になっているのか見た目からは判断できないようないろいろな種類の加工食品まで……。栄養分や味よりも、見た目や話題性で買われているものも少なくありません。ここで少し考えてみましょう。日々、呼吸をし、活動をしているわたしたちのからだは、なにでできているのでしょう？

答えは「食べもの」です。

わたしたちは、自分が食べたものでできているのです。日々、成長し、あるいは細胞が入れ替わっているわたしたちのからだは、なにでできているのでしょう？

骨格も、筋肉も、血管も、血液も、細胞のひとつひとつも……。

からだだけではありません。からだの状態は、こころの状態に大きく影響しますから、わたしたちの思いや考え方も、「食べもの」からできている、といえるでしょう。

We are what we eat（わたしたちは、自分が食べたものでできている）という有名な言葉がありますが、まさにその通り。食べたものが自分自身になります。自分がどんな食べものを選ぶかによって、自分自身のからだとこころの状態が、決まってくるのです。

● Human Food ── 人間の食べものを食べよう

動物は、その種類によって、食べるべきものが決まっているといいます。馬や牛は「草」を食べる、パンダは「竹」を食べる、コアラは「ユーカリ」を食べる、リスは「木の実」を食べる……。

野生動物は、そうした「その動物が本来食べるべきもの」を本能的に選んで食べ、その結果、病気にかかるということはほとんどないそうです。ただし、人間に飼われている動物は、人間が選んだ、人工的につくられた飼料を食べるようになると、とたんに病気にかかりやすくなってしまいます。やはり、本能によって、自分が食べるべきものを自分で選ぶということは大切なのですね。

では、人間という動物には、どんな食べものがふさわしいのでしょう？

食べものは、口から入り、消化管（食道〜胃〜腸）で消化されて栄養分が吸収されます。そのため、口の中や消化管を見れば、その動物がどのようなものを食べるように進化してきたか、がわかるのです。

まず、人間の歯は全部で32本あり、そのうちもっとも多いのが、「臼歯」（奥歯）で、20本あります。これは、穀物をすりつぶすのに適した歯です。その次が、前歯で8本。植物の繊維を噛み切ったり、硬い殻を噛み砕く歯です。そしてもっとも少ないのが、ハンティングの標的にとどめを刺したり、肉の繊維を噛みちぎるのに適した犬歯（糸切り歯）ですが、4本しかなく、いわゆる動物の「牙」とはほど遠い形をしているうえにサイズも小さいので、「とどめを刺す」というのは非現実的ですね。このように、歯の形を見ると、人間は肉食動物ではないということがよくわ

かります。

そして、食べものを消化し、栄養を吸収する消化管ですが、人間の腸の長さは身長の7〜8倍の長さで、おなかの中でうねうねと曲がりくねっています。これは草食動物の腸の特徴で、食物繊維豊富な植物性のものを、ゆっくりと消化するのに適しています。一方、肉食動物の腸は、腐敗しやすくからだをつくり出してしまう肉類をなるべく早く消化し、体外に出すことができるよう、身長の3〜4倍という短さで、ストンとした寸胴、そして、あまり曲がりくねっていないのです。

このようにからだのつくりを見てみると、わたしたち人間は、穀物や野菜など植物性のものを多く食べていくようなからだの構成になっており、肉などの動物性食品の摂取は少なくてよい、ということが、自然に理解できてくるかと思います。

馬が草を、リスが木の実を、コアラがユーカリを食べて健康に生きていくようにからだがつくられているように、人間も、たくさんの穀物と野菜を食べて健康に生きていくように、からだ自体がつくられているのです。大切なHuman Food（人間の食べるべきもの）である穀物と野菜——セルフ・ヒーリングのまず第一歩は、穀物と野菜を中心とした食事の大切さを見直すところから始まります。

● Whole Foods ── まるごと、食べよう

Whole Foods（素材そのもの、自然な食品）とProcessed Foods（加工食品）という言葉があります。Whole Foodsは、穀物、野菜、豆、海草……など、自然にそのまま存在する食べもののこと。Processed Foodsは、工場などで加工された食品のことです。

このふたつの違いを理解することは、とても大切だと思います。たとえば、穀物（精製していないもの）や豆（皮をむいていないもの）は、水につけると芽が出ます。つまり、「生命がある」ということですね。それが、精白・精製され、粉になり、工場などでいろいろな製品に加工されてしまうと、あたりまえのことですが、もう、生命力に加工されてしまきの大根は、採ってきてしばらく置いておいても、葉付離してしまいます。根には「す」が入っていきますが、葉と根を切り

太古から、人間は、食べもののもつ力を、健康に役立ててきました。それには、その食べもの（食材）が、「生命のある」状態であることが大切です。

「採りたて」のものや、葉や皮がついたままの状態の野菜や、精白していない穀物、加工していない状態の豆など）、加工食品であってもなるべく自然なかたちで加工されたもの（たとえば、天日干し、発酵食品など）などが、食材の生命力が強い（失われていない）状態といえるでしょう。こうした生命力のある「まるごと」のものを中心に食べることによって、食べものの力を最大限に活かすことができ、元気をもらうことができるのだと思います。

もちろん、現実的に、採りたてのものや、自然加工の食品だけを食べて生活するというのはなかなかできることではありません。ですから、「選べるときには、なるべくそういうものを選ぶ」という考え方を、わたしはしています。

Self Healing Cooking

● 季節に合ったものを食べよう

夏に旬を迎える植物は、葉を大きく広げて熱を放出したり、たっぷりと水分を蓄えたりして、太陽の強い光や高気温に負けないようなつくりになっています。冬に旬を迎える植物は、水分が少なく、硬くて、寒さに負けないようなエネルギーを蓄えています。

暑いときに旬を迎える植物を食べると、わたしたちも、余分な熱をからだから追い出すことができ、また、寒いときに旬を迎える植物を食べれば、からだにしっかりと熱を蓄えることができます。

つまり、夏には夏の野菜、冬には冬の野菜を食べるというあたりまえのことが、それぞれの季節を快適に過ごすコツとなるわけですね。

最近は、ハウス栽培や高度な温度コントロール、光の照射時間のコントロールなどにより、一年中、どんな野菜でも手に入れることができてしまいます。これは、確かに便利なことではあるかもしれませんが、「食べものがからだにもたらす力」のことを考えると、やはり、夏には夏の、冬には冬の、季節に合った野菜を食べるのが自然だと思います。

同じように、気候がまったく違う場所（たとえば、赤道直下の熱帯や季節が正反対の南半球など）の作物も、日本とはまったく異なる環境で育ったものなので、日常的には食べない方が、より「自然の流れに逆らわない」食生活といえますね。

● 頑張りすぎず、とにかく「続けること」を大事にしよう

「食生活を見直そう！」といったん決めると、とかく「真面目に、正しく！」と頑張ってしまいがち。完璧にしようとするあまり、息切れしてしまうことも少なくありません。頑張りすぎず、できることから少しずつ取り入れていきましょう。

たとえば、

・おいしく食べながら、健康を維持するためのベースとなる「毎日のごはん」
・できるだけ早く体質改善や体調回復したいときの「ヒーリング・メニュー」
・思う存分甘いものが食べたい！お肉がなつかしい！という気持ちも満足させられる「思いっきり楽しむ食事」（ときにはハメをはずしましょう）

日々の食生活を、この3つのパターンで考えていくことによって、無理なく、少しずつ、バランスのとれた食生活に移行していかれると思います。

とにかく「続けていく」ということが、いちばん大事。

ゆっくりでも、少しずつでも、「人間にふさわしい食べもの・まるごとのもの・季節に合ったもの」を中心に食べるようにすることによって、確実に、からだもこころも、すこやかな状態に近づいていくと思います。

では、次の章から順に、「毎日のごはん」、「ヒーリング・メニュー」、「思いっきり楽しむ食事」、それぞれの考え方と、おすすめのレシピを紹介していきましょう。

Chapter 1
セルフ・ヒーリング・メニュー

すこやかなからだとこころのベースをつくる「毎日のごはん」、体調を早く回復させたいときの「ヒーリング・メニュー」を中心に、おいしくて、つくりやすい「ごはん」「おかず」「スープ」などを紹介します。

［セルフ・ヒーリングのための基本メニュー］

毎日のごはん編

「毎日のごはん」のベーシックなポイントは、とってもシンプルです。

● Human Food（人間にふさわしい食べもの）を中心に食べる

・精白していない穀物（いちばん身近なのは玄米）をしっかり食べる
・おかずは、旬の野菜を、できるだけ「まるごと」（皮をむかない、根っこも葉っぱも含めて全体を食べる）使ったものを中心にする
・豆料理（または豆製品、その他の植物性たんぱく質食品）と海草料理も、毎日少しずつ食べるようにする

● 人間にとって「大量に食べるには向いていないもの」は、「毎日のごはん」の中では控えめにする

・肉、卵、乳製品、高度に精製された食品（白砂糖、精白された小麦粉、精製塩など）、人工的なもの（サプリメント、食品添加物など）はなるべく避ける

● 住んでいる場所の季節に合った食材を選ぶようにする

・旬の野菜を中心にする
・季節はずれのものや、人工的な温度管理によって栽培されたもの、まったく違う気候帯で採れたものは控えめにする

わたしたちのからだとこころにとても自然な「毎日のごはん」を続けていると、からだとこころのバランスがしっかりと安定してきます。肉や乳製品、白砂糖といった、「燃えかす」を残して血液中に老廃物を溜めてしまいがちな食材を控え、体内の汚れを外に出す力にすぐれた全粒（＝精白していない）穀物や野菜をたくさん食べることによって、血液や内臓がクリーンになっていきます。それにつれて、目覚めがすっきりしし、からだが軽くなるのがからだで日々感じられることでしょう。からだとこころはつながっていますから、気持ちが明るく前向きになり、集中力や判断力もついてきます。

さらには、からだの状態が安定してくるにつれて、心身のバランスを崩してしまう食べ

「不必要なもの」を食べたとしても、すんなりと解毒して、ふたたびからだのバランスを取り戻すことができる、そういうしっかりとしたベースをつくることができるということなのです。

そんな「毎日のごはん」を、四季折々の食材を使って、つくってみましょう。基本的なメニュー構成は、

・全粒穀物を使った主食
・味噌汁、スープ
・季節の野菜を使った料理
・豆料理または豆製品
・海草料理

となります。

＊魚は肉と比べると、同じ「動物性食品」でも、からだへの影響が比較的少ない（消化しやすい、固い脂肪が少ないなど）ので、1週間に1〜2度食べる程度であれば、それほど負担にはなりません。食べる場合は、なるべく脂肪分の少ない白身の魚がおすすめです。残念ながら現代の魚は河川や海に流れ出たダイオキシンや環境ホルモン、重金属などによって汚染されてしまっているものが多く、その毒素は脂肪の部分に溜まっていることが多いといわれています。

もの＝肉、卵、乳製品、白砂糖などが、それほど食べたくなくなってきます。だんだんとからだにとって不必要なものを欲しなくなってくるのです。そして、からだが必要としているものを自然と「食べたい」と思うようになります。味覚が正常に働くようになるので、全粒穀物、野菜、豆、海草といった自然の食材でつくったシンプルなごはんやおかずのしみじみとしたおいしさを味わうことができるようになります。

もちろん、そうはいっても、ときどきは「お肉が食べたい！」「甘いお菓子が食べたい！」と思うこともあるでしょう。気分転換のために、また、友だちと楽しむために外食することとも生活の中の大切な要素ですし、そんなときには「なにも考えないで、食べたいものを食べよう！」ということだって、もちろん、あります。それでも、ふだんの食事として、全粒穀物、野菜、海草、豆中心のバランスのとれた「毎日のごはん」を食べていれば、からだのベースがしっかりできていますから、ときどきハメをはずしても、すぐにバランスを取り戻すことができます。

つまり「毎日のごはん」をしっかり食べるということは、からだが自然に、「必要なもの」を選べるようになり、「不必要なもの」を自然と欲しなくなる。そして、たとえときどき

基本の玄米ごはんの炊き方

直火でしっかり炊いた玄米ごはんは、からだじゅうに沁みわたるおいしさにあふれています。水加減と火加減に少しだけ気を配ることで、誰でもおいしく玄米を炊くことができます。ここでは、圧力鍋と土鍋で炊く方法を紹介します。

材料（ごはん茶碗約4～5杯分）

【圧力鍋の場合】
玄米　2カップ
水　2と2/5カップ（480ml）
塩　ふたつまみ（ほんの少量）

【土鍋の場合】
玄米　2カップ
水　3と1/5カップ（640ml）～4カップ（800ml）
塩　ふたつまみ（ほんの少量）

1. 玄米は、もみ殻やゴミなどが入っていないかどうか、事前にチェックしておく。

2. ボウルとザルを重ねて、ザルに玄米を入れ、きれいな水（浄水器を通した水など）をたっぷり入れて、やさしく洗う。ザルを持ち上げて、ボウルの水を捨てる。2～3回水を替えて洗う。

3. ザルをボウルから出して、しっかりと水をきる。

菜箸などで支えてザルを斜めにすると、水がよくきれます。

4. 水をきった玄米を鍋に入れて、分量の水を加え、2時間（暑い時期）～8時間（寒い時期）そのまま置いておく（玄米の「浸水」）。土鍋で炊く場合、水分量は鍋の種類によって加減する。

5. 【圧力鍋の場合】
4に塩を加え、フタをして中火～強火にかけ、圧が上がったらごく弱火にし、25～30分炊く。時間がきたら火からおろして、自然に圧が抜けるまで待つ。

【土鍋の場合】
4に塩を加え、フタをして中火～強火にかけ、沸騰したらごく弱火にし、45～60分炊く。時間がきたら火からおろして、約10分間蒸らす。

6. フタをあけて、木のしゃもじで鍋底からやさしく上下を返すように混ぜる。食べるまで時間があるときには、「おひつ」などに移しておくと、余分な蒸気が抜けて、おいしく食べられる。

炊きあがりの状態は、上の方と鍋底に近い方では違ってくるので、上下をやさしく返して均一にします。

Healing Points

- 玄米は白米と違って、「ぬかを落とす」必要がないので、ごしごしと「研ぐ」必要はありません。表皮を傷つけないように、やさしく洗いましょう。
- 圧力鍋で炊くと、もっちりと力強い炊きあがりになるので、しっかりと力をつけたいときや、寒い時期におすすめです。また、土鍋で炊くと、さっぱりと軽い炊きあがりになるので、リラックスしたいときや暑い時期におすすめです。

基本のだしのとり方

煮干しやかつおぶしなどの動物性食品を使わなくても、おいしいだしが簡単にとれます。素材の味を活かすことのできる、繊細な味わいです。

【昆布椎茸だし】
材料（約2カップ分）
昆布　約3cm角1枚
干し椎茸　1枚
水　2カップ

1. ガラスポットまたは大きめのコップ、ボウルなどに、昆布と干し椎茸と分量の水を入れ、冷蔵庫（暑い季節）または常温で1～8時間程度置く（長く置いた方が濃いだしがとれる）。
2. 昆布と干し椎茸は取り出して、刻んで具として利用したり、新しい水を加えて煮出し、二番だしとして使うこともできる。
3. 水につけておく時間がないときには、昆布と干し椎茸と分量の水を鍋に入れて、煮出してだしをとることもできる（昆布は沸騰直前に引き上げ、干し椎茸は10分ほど煮出すとよい）。

【わかめだし】
材料（約2カップ分）
わかめ（天日干しの乾燥わかめ）
　約5cm
水　2カップ

1. わかめは水（分量外）でやわらかくなるまで戻し、食べやすい大きさにカットする。戻した水は、塩辛い場合が多いので捨てる。
2. 鍋に1のわかめと分量の水を入れて火にかける。沸騰したら火を止める。

冷蔵庫に常備しておくと便利です。

Healing Points

- 昆布は、からだを温める力＆引き締める力が強い食材です。一方、干し椎茸は、からだの余分な熱をとってくれる＆ほどよくゆるめてくれる力のある食材です。この2つを組み合わせることで、バランスのよい、ふだん使いのだしがとれます。
- わかめは、生わかめや塩蔵わかめ、カットわかめではあまりだしがとれません。天日干しのしっかりした乾燥わかめを使いましょう。

基本の味噌汁のつくり方

味噌には免疫力を上げ、疲労を回復し、血液をきれいにする力があります。いろいろな野菜を使って、ぜひ毎日飲んでくださいね。たまねぎを入れると味にコクがでるので、おすすめです。

材料（2人分）
昆布椎茸だし または わかめだし（上記）　2カップ分
たまねぎ　50g（約1/4個）
季節の野菜　約50g
麦味噌　約大さじ1と1/2

1. たまねぎは薄く切り、季節の野菜は食べやすい大きさに切る。昆布椎茸だしまたはわかめだしをひと煮立ちさせる。沸騰したところに、切ったたまねぎと季節の野菜を入れ、もう一度沸騰させたあと、弱火～中火で野菜がやわらかくなるまで煮る。
2. すりばち（またはボウル）に麦味噌を入れ、1の鍋から煮汁をおたま1杯分くらい取って加え、すりこぎなどでよく溶かしておく。
3. 1の鍋の野菜がやわらかくなったら、2の麦味噌を加え、かき混ぜずにそのままごく弱火で1～2分火を通す。最後に全体をやさしく混ぜ、味をみて、必要であれば、味噌を加えて味をととのえる。

Healing Points

- 野菜の分量は好みで増やしてください。なるべく野菜の種類を頻繁に変えながら、毎日味噌汁を飲むことをおすすめします。
- 具の野菜を薄く切ってさっと火を通すと、身もこころもリラックスできる軽い味噌汁に仕上がります。大きめに切ってじっくり時間をかけて煮込むと、からだが温まる、しっかりした味噌汁になります。
- 味噌の量は、少なめ（薄味）にすると軽い味噌汁になり、多め（濃いめの味）にするとしっかりした味噌汁になり、からだが温まります。
- 味噌をすりばちで溶かすことによって、大豆や麦の繊維がすりつぶされて消化がよくなり、味噌のよい成分がよりスムーズにからだに吸収されます。

春のメニュー

Spring

春は、芽生えと誕生の季節。大気にはフレッシュな、生まれたてのエネルギーが満ち満ちています。春には、新鮮な青菜やもやし、スプラウトなどの「上に向かって勢いよく伸びる」野菜を使い、さっと蒸したり、ゆでたりする調理法を多めにしていくといいでしょう。また、梅干しや酢など酸味のある食材を少しとり入れて、塩味は全体的に薄めにするように心がけると、からだが喜びます。

少し軽めに炊いた玄米ごはんです。

春の玄米ごはん

材料（ごはん茶碗約4～5杯分）
玄米　2カップ
水　2と3/5カップ（520ml）
塩　ふたつまみ（ほんの少量）

1　玄米は洗って圧力鍋に入れ、分量の水を加えて、4～8時間程度浸水させる（p16）。
2　1に塩を加え、フタをして中火～強火にかけ、圧が上がったら、ごく弱火にして約25分炊く。
3　時間がきたら火からおろして、自然に圧が抜けるまで待つ。
4　フタをあけ、木のしゃもじで鍋底からやさしく上下を返すように混ぜる。

春野菜、ねぎ、もやしなど「上にすくすくと伸びる野菜」を使って味噌汁をつくりましょう。

春の味噌汁

材料（2人分）
わかめだし　約2カップ　　麦味噌　約大さじ1と1/2
たまねぎ　約50g（約1/4個）　万能ねぎの小口切り　少々
春キャベツ　約50g

1　たまねぎは薄く切り、春キャベツはやや太めの千切りにしておく。
2　わかめだしは鍋に入れて沸騰させ（p17）、1の野菜を入れて、さっと火が通る程度に煮る。
3　すりばち（またはボウル）に麦味噌を入れ、2の鍋から煮汁をおたま1杯分くらい取って加え、すりこぎなどでよく溶かしておく。
4　2の鍋の野菜がやわらかくなったら、3の麦味噌を加え、かき混ぜずにそのままごく弱火で1～2分火を通す。
5　4を器に盛りつけ、万能ねぎの小口切りを薬味として散らす。

Healing Points

・野菜はあまり煮込まずに、歯ごたえを残して仕上げるようにすると、春に必要なフレッシュなエネルギーをとり入れることができます。
・春の味噌汁には、「麦味噌」がおすすめ。麦を使った発酵食品は、肝臓の働きを助け、春の解毒作用をスムーズにしてくれます。

春には、野菜を蒸したり、ゆでたりして食べるのがおすすめです。春に必要な自然な酸味を、梅干しで加えてみました。

蒸したまねぎ 梅ソース

材料（2人分）
たまねぎ　1個　　梅ソース
塩　ふたつまみ　┃梅干し　1個
　　　　　　　　┃水　1/2カップ
　　　　　　　　┃葛粉　小さじ1/2

1　たまねぎは4～6等分くらいのくし切りにする。蒸籠または蒸し器にたっぷりの水を入れて沸騰させ、たまねぎを並べて塩をふりかけ、フタをする（たまねぎの甘みを引き出すため）。たまねぎに火が通るまで10分ほど蒸す。
2　蒸している間に梅ソースをつくる。梅干しは種をはずして包丁でたたき、ペースト状にして、すりばち（またはボウル）に入れる。分量の水と葛粉を加えて、よくすり混ぜ、小鍋に移して火にかける。静かにかき混ぜ、沸騰してきたら弱火にして、とろみがつくまで煮る。
3　1のたまねぎに2の梅ソースを適量かける。
*　残った梅ソースは、蒸したりゆでたりしたいろいろな野菜のソースとして利用できます。

Healing Points

・梅干しは、ぜひ、伝統的な製法（梅、塩、シソだけでつくられたもの）のものを選びましょう。自分で漬けた梅干しなら最高です！ 昔ながらの梅干しは、解毒作用、免疫作用、疲労回復作用などに、非常にすぐれた食品です。

蒸籠は野菜を蒸すのにとても便利。ほかにも、蒸しパンや餃子など、いろいろと作れます。

テンペは、大豆を発酵させた、匂いもなく、とても食べやすい食品です。
焼いても、煮ても、揚げてもおいしいですが、
本レシピでは甘みたっぷりの野菜と一緒に煮込む簡単料理をご紹介します。

テンペと人参の煮物

材料（2人分）
テンペ　100g　　　　昆布　3cm角1枚
人参　80g（約1/3本）　醤油　小さじ2
たまねぎ　80g（約1/3個）　水　適量

1. テンペは食べやすい大きさに切る。人参は乱切りに、たまねぎは大きめのくし切りにする。
2. 昆布はハサミで細く切り、水につけて戻しておく。
3. 鍋に**2**の昆布を敷き、**1**のテンペ、人参、たまねぎを並べて、水（**2**の昆布の戻し汁も含む）を材料の1/3くらいの高さまで入れる。フタをして中火～強火にかけ、沸騰したら弱火にして約15分、人参がやわらかくなるまで煮る。
4. **3**に醤油をまわし入れ、かきまぜずにそのままフタをして、さらに5分ほど煮る。
5. **4**の鍋をゆすって煮汁をなじませ、そのまま2分ほど味をしみ込ませる。味をみて、必要であれば醤油を加え、1～2分火を通してから火を止める。

Healing Points
- ことこと煮込むこうした煮物類は、なるべく「いじらない」でつくると、見た目もきれいなうえ、やさしい味に仕上がります。醤油をまわし入れるときも、かきまぜずに、ときどき鍋をゆすって、味をなじませるようにしましょう。

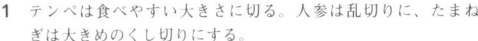

ひじきなどのしっかりした海草もおいしいですが、
春や夏には、わかめ、海苔、海草サラダなどのやわらかめの海草を、
さっと火に通したたっぷりの野菜と一緒にどうぞ。

わかめと青菜のごま風味サラダ

材料（2人分）
青菜（小松菜、かぶの葉など）　約100g
長ねぎ　約100g
塩蔵わかめ　50g

ごま味噌万能ドレッシング
| 白味噌　大さじ1
| 白練りごま　大さじ1
| 玄米酢　小さじ2
| 昆布椎茸だし（または水）　大さじ3

1. 長ねぎは5cmくらいの長さに斜めに切る。鍋に湯を沸騰させて、まず青菜をそのまま、つぎに長ねぎを歯ごたえが残るくらいに1～2分さっとゆでる（ゆで汁は捨てずに、次のプロセスで使用）。ゆでた青菜と長ねぎは盆ザルなどにあげて、粗熱をとっておく。
2. 塩蔵わかめはよく洗ってから5分ほど水につけて、ふたたび流水で洗い、しっかりと塩抜きをする。ザルに入れて、**1**のゆで汁をかける（色が鮮やかに変わる）。さらに、ボウルに冷たい水を入れておき、わかめを入れて粗熱をとってから、よく水をきって、食べやすい大きさに切る。
3. ごま味噌万能ドレッシングの材料はすべてすりばち（またはボウル）に入れて、よく混ぜておく。
4. **2**のわかめと**1**の長ねぎに、食べやすい長さに切った青菜、**3**のドレッシングを味をみながら少しずつ加え、和える。

* 残ったごま味噌万能ドレッシングは、蒸したりゆでたりしたいろいろな野菜のドレッシングとして利用できます。

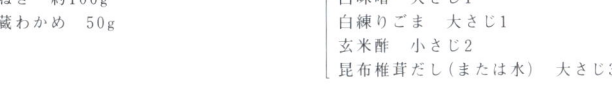

夏のメニュー

Summer

夏には、からだにこもった熱を逃がしてくれる食材をとり入れましょう。とうもろこしや旬の夏野菜、クールダウン効果のある豆腐などがおすすめです。全体的に加熱時間は短めに。暑い日には、レタスやキュウリなどを生でそのまま食べるのもいいですね。玄米ごはんは、圧力をかけないで炊くと、暑くてもさっぱりと食べられます。

とうもろこしは、じつは野菜ではなく全粒穀物！
とうもろこしの甘みがごはんにしみ込んで、
いくらでも食べられそうな、おいしい夏ごはんのできあがり。

とうもろこしと玄米の土鍋ごはん

材料（つくりやすい分量：約4人分）
玄米　2カップ　　　昆布　切手大1枚
とうもろこし　1本　水　約3と1/5カップ（640ml）〜4カップ（800ml）

1. 玄米は洗って、昆布と一緒に土鍋に入れ、分量の水を加えて、4〜8時間浸水させる（p16）。
2. とうもろこしは皮をむき、1の玄米の上にのせる。
3. 1の土鍋のフタをして中火〜強火にかけ、沸騰したらごく弱火にして45〜50分炊き、10分ほど蒸らす。
4. 3の蒸らしが終わったら、土鍋の中のとうもろこしを取り出して、粒を包丁などで芯からこそげとり、玄米ごはんにさっくりと混ぜ込む。

Healing Points
- 夏が旬のとうもろこしは、からだにこもった熱を取りのぞいてくれる力をもっています。ごはんに、おかずに、おやつに、どんどん活用しましょう！
- 水分量は鍋の種類によって加減してください。気温が高いときには、少しやわらかめに炊くのがおすすめです。

豪快にまるごと1本。鍋が小さければ半分に切っても。

熱々の味噌汁が飲みにくいような猛暑の1日に、さっぱりした冷やし汁はいかがですか？
冷たいうどんや、冷やごはんにかけて食べるのもおいしいです。

冷やし汁

材料（つくりやすい分量：約4人分）
昆布椎茸だし　2カップ　　麦味噌　大さじ2
キュウリ　1/2本　　　　　ショウガ　ひとかけ
エノキ茸　約70g　　　　　青シソ　2枚
絹ごし豆腐　100g　　　　みょうが　1/2個
塩　小さじ1/8

1. 昆布椎茸だしは軽く煮立てて、冷やしておく。
2. キュウリは薄切りにし、塩をもみこんで、しばらく置いておく。絹ごし豆腐は手でくずす。エノキ茸は根元の固い部分を少し切り落とし、さっとゆでてさまし、長さを1/3くらいにカットする。ショウガはすりおろして、汁をしぼって取り分けておく。
3. すりばち（またはボウル）に麦味噌を入れ、1の冷たいだし汁を少しずつそそぎながらすりこぎですり混ぜる。すっかり混ざったら、水気をしぼった2のキュウリ、くずした豆腐とエノキ茸を加えて混ぜる。さらに、ショウガのしぼり汁を加える。
4. 3を食べる直前まで冷やし、器に取り分けてから、青シソとみょうがの千切りを薬味としてのせる。

＊ キュウリはできるだけ薄く切るのがポイントです。

Healing Points
- 味噌は日本が世界に誇る、素晴らしい発酵食品。疲労回復や免疫力アップ効果にすぐれているので、とくに暑さや強すぎる冷房で体力が奪われる夏には、心身にパワーを取り戻すのを手伝ってくれます。
- 汗をかくことによって失われるミネラルの補給などにも、味噌はとってもおすすめです。梅干しもいいですよ！

夏は、店頭にカラフルな野菜がたくさん並びます。
生野菜サラダもいいですが、さっと蒸すと、
からだを冷やすことなく、たくさん食べられます。

スチームド・サマー・ベジタブル
（夏の蒸し野菜）

材料（つくりやすい分量）
野菜（いんげん、ズッキーニ、かぼちゃ、青菜、根菜類など
　好みのもの）　適量
塩　少々

1　蒸し器または中華鍋などに水をはり、蒸籠、すのこ等をのせて沸騰させる。
2　野菜は青菜以外は食べやすい大きさに切る。根菜類には甘みを引き出すために塩少々をふってもよい。
3　2の野菜を蒸気の上がった1にのせて、火が通るまで蒸す。このとき、蒸しすぎないように注意する。
4　蒸しあがったら、盆ザルなどにのせて、粗熱をとる。青菜は食べやすい長さに切る。そのまま、または好みのドレッシングをつけて食べる。

Healing Points
・春から夏にかけては、野菜を歯ごたえを残すようにしゃっきりとゆでたり、蒸したりして食べることによって、この季節に必要なフレッシュで軽いエネルギーをとり入れることができます。

梅雨の間に海苔がしけってしまった……?!
そんなときには、迷わず、この「煮ない佃煮」をつくりましょう！
食欲がない夏にも、玄米ごはんがすすむおいしさです。
マクロビオティック居酒屋"我や"さんのオーナーに教えていただきました。

海苔の煮ない佃煮

材料（つくりやすい分量）
焼き海苔　4枚（切っていない大きなもの）
昆布椎茸だし（または水）　大さじ3
醤油、玄米酢、ごま油　各大さじ1

1　昆布椎茸だし（または水）と醤油は鍋に入れ、さっと煮立てて冷ます。
2　焼き海苔は手で小さくちぎり、1と玄米酢、ごま油を混ぜ入れて10分ほど置き、もう一度全体をよく混ぜる。このとき、すりばちとすりこぎですり混ぜてもよい。

Healing Points
・海苔はビタミンB_{12}が含まれている数少ない植物性食品。毎日少しずつ食べたいですね！
・ビタミンB_{12}には、貧血予防、精神を安定させるなどの効果があります。

秋のメニュー

Autumn

秋になったら少しずつ加熱時間を長くし、根菜などからだを温める食材を増やします。秋のはじめには、夏の暑さや水分のとりすぎなどによって胃腸が疲れていることが多いので、かぼちゃ、たまねぎ、キャベツ、ひよこ豆、栗など、自然の甘みをたくさんもつ食材で癒してあげましょう。雑穀ではあわ、きび、ひえ、海草ではあらめ、気温が下がってきたらひじきがおすすめです。

自然な甘みをたっぷりとり入れたごはんは、夏に疲れた胃腸をやさしくいたわってくれます。

もち米と甘栗入り玄米ごはん

材料（ごはん茶碗約4〜5杯分）
玄米　1と3/4カップ
もち玄米（玄米のもち米）　1/4カップ
甘栗（むいたもの）　1/2カップ
水　2と1/2カップ（500ml）
塩　ふたつまみ

1. 玄米ともち玄米は一緒に洗って、圧力鍋に入れ、分量の水を加えて、2〜8時間浸水させる（p16）。
2. 1に甘栗と塩を加えて、フタをして中火〜強火にかけ、圧が上がったら弱火にして約30分炊く。
3. 時間がきたら火からおろして、自然に圧が抜けるまで待つ。
4. フタをあけて、木のしゃもじで鍋底から全体をさっくり混ぜる。

Healing Points
- 栗の自然な甘みは、胃や膵臓を癒して、血糖値を安定させてくれます。おやつとしてもおすすめの食材ですが、ごはんに炊き込むと手軽に栗ごはんができますよ。

このメニューの組み合わせには、ゆでた青菜を添えるとバランスがよくなります。

海草料理の定番「ひじき煮」は、
たまねぎをじっくり炒めることで甘みが引き出せるので、
砂糖なしでもとっても甘く仕上げることができます。

ひじきといろいろ根菜の重ね煮

材料（つくりやすい分量：約2〜3人分）
ひじき（またはあらめ）　約10g
たまねぎ　60g（約大1/4個）
大根、れんこん、人参　各30g
水　適量
醤油　大さじ1〜
なたね油（またはごま油）　少々

1. たまねぎは薄切りにする。大根、れんこん、人参はマッチ棒くらいの太さに切る。ひじきは洗って、たっぷりの水で戻し、長ければ食べやすい長さに切る。
2. 大きめのフライパンになたね油（またはごま油）少々を入れて熱し、1のたまねぎを弱火でしんなりするまで炒める。さらに、たまねぎの上にひじきを広げてのせ、その上に大根、れんこん、人参の順に均等に重ねる。
3. 2のたまねぎが隠れるくらいまで水を加え、フタをして沸騰させる。沸騰したら弱火にして約15分、野菜がやわらかくなるまで煮る。
4. 3に醤油をまわし入れ（この時にはかきまぜない）、ふたたびフタをして約5分煮る。
5. 菜箸でやさしく全体を混ぜ、味をみて、必要であれば醤油を加える。煮汁が残っている場合は、フタをしないでときどきかき混ぜながら数分煮て汁気をとばす。

Healing Points
- 大根は残暑の残る秋口には生の大根を使い、秋が深まってきたらからだを温める力の強い切干大根に変えてみるのもいいでしょう。
- かき混ぜる回数は極力少なくして、「じっくり、ゆっくり」つくると、熱が素材の中までしっかり入り込み、からだが温まる仕上がりになるので、秋の煮物にはおすすめです。

涼しくなると恋しくなる、ことこと煮込んだ温かい豆料理。
ひよこ豆のほかには白いんげんなどでもどうぞ！

ひよこ豆とカリフラワーのシチュー

材料（つくりやすい分量：約4人分）
ひよこ豆　1/2カップ
ひえ　1/4カップ
たまねぎ　50g（約1/4個）
カリフラワー　150g
昆布　3cm角1枚（水につけて戻し、戻し汁はとっておく）
昆布椎茸だし　1と1/2カップ
水　1/2カップ
塩　小さじ1/4
麦味噌　小さじ1/2
醤油　小さじ1/2
パセリのみじん切り　少々

1 ひよこ豆は洗って、たっぷりの水に6時間以上つけて戻す。ひえは目の細かいザルに入れて、水を5〜6回替えながらよく洗う。たまねぎはさいの目切りに、カリフラワーは食べやすい大きさに房を切り分けておく。
2 圧力鍋に水で戻した昆布、1のひよこ豆、ひえ、昆布椎茸だしを入れて、フタをしないで中火〜強火にかける。沸騰したら、水1/2カップ（昆布の戻し汁も含む）を加え、再沸騰したらフタをして、圧がかかったら弱火にして20分煮る。火からおろして圧が抜けるまで待つ。
3 2のひよこ豆とひえの上に、1のたまねぎ、カリフラワーを重ねて、圧力鍋のフタではない普通のフタをして中火〜強火にかけ、沸騰したら弱火にして約15分、野菜がやわらかくなるまで煮る。
4 3に塩、麦味噌（3の煮汁少々で溶かしておく）、醤油を加え、1〜2分火を通してから、全体をやさしく混ぜ、味をみて、必要であれば塩、醤油を加えて味をととのえる。
5 4を器に盛りつけ、パセリのみじん切りを薬味として散らす。

Healing Points
・ひよこ豆とカリフラワーの甘みが、夏に疲れた胃や膵臓を癒してくれます。

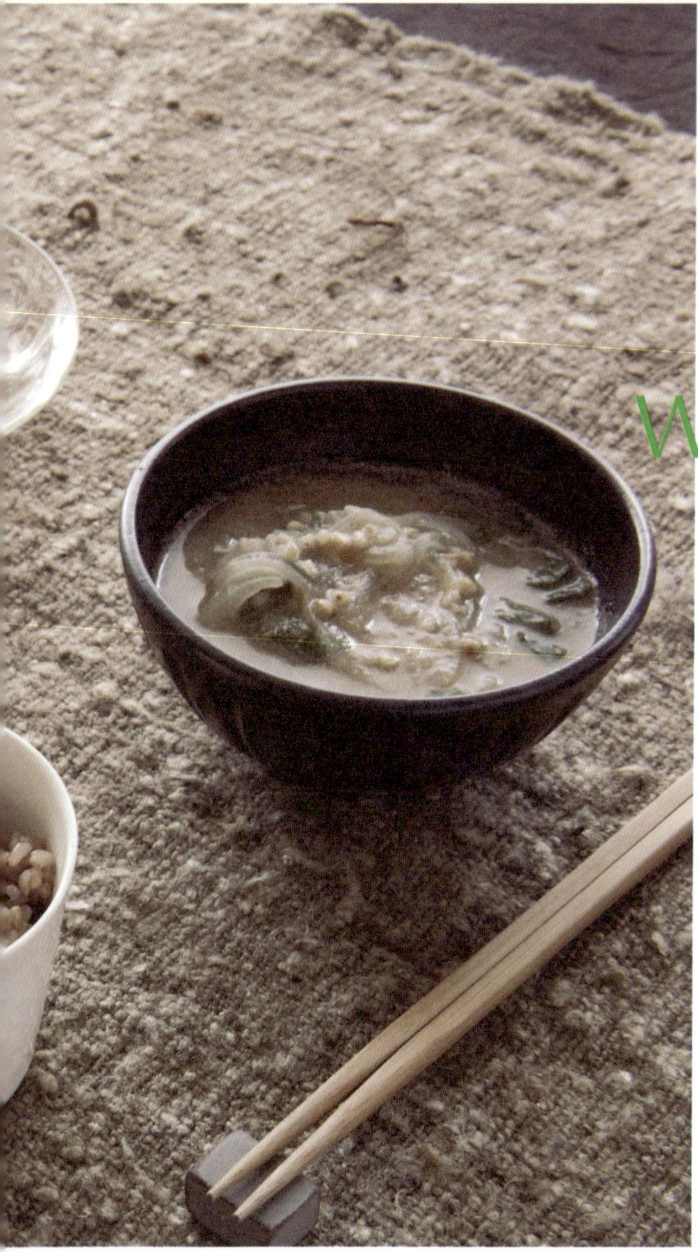

冬のメニュー

Winter

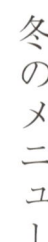

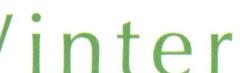

寒い季節は、根菜を使ってじっくり煮込むおかずやスープを増やし、そば粒や昆布などのからだを温める食材をときどきとり入れましょう。豆類はあずき、黒豆などがおすすめ。全体的に加熱時間を長めにして、味つけも少ししっかりめにするといいですね。そして、寒さのピークが過ぎてだんだん暖かくなってきたら、徐々に加熱時間を短くして、味つけも薄めにしていくようにしましょう。

腎臓の機能を整えてくれる黒豆！ お正月だけじゃなく、ぜひ一年中食べたい豆です。
玄米ごはんに炊き込むと、なんとも滋味あふれる味わいになります。

黒豆入り玄米ごはん

材料（ごはん茶碗約4～5杯分）
玄米　1と3/4カップ
黒豆　1/4カップ
水　3カップ
塩　ふたつまみ

1. 玄米と黒豆はそれぞれ洗って、圧力鍋に入れ、分量の水を加えて、2～8時間浸水させる（p16）。
2. 1に塩を加えて、フタをして中火～強火にかけ、圧が上がったら弱火にして約30分炊く。
3. 時間がきたら火からおろして、自然に圧が抜けるまで待つ。
4. フタをあけて、木のしゃもじで鍋底から全体をさっくり混ぜる。

Healing Points

- 黒豆は、毎日のごはん、おかずとして食べる場合には、砂糖などで甘くせずに、このように玄米ごはんと一緒に炊いたり、甘みをつけずに野菜や海草と一緒に調理するのがおすすめです。

寒い地方で採れるそばは、からだを温めてくれる穀物です。
とろみもそば粉でつけて、寒い日に芯から温まる、熱々のおいしいスープをつくりましょう。

そば粒入りチャイニーズスープ

材料（2人分）
そば粒　小さじ4　　　　　昆布椎茸だし　2カップ
そば粉　大さじ1　　　　　塩　小さじ1/4
ショウガ　ひとかけ　　　　醤油　小さじ1
たまねぎ　50g（約1/4個）　白練りごま　小さじ1
白菜　100g　　　　　　　　ごま油　小さじ1/2

1. そば粒は洗って水気をきり、小鍋に入れて弱火にかけ、混ぜながら香ばしい香りがしてくるまで炒る。
2. ショウガは千切りに、たまねぎは薄切りに、白菜は葉と軸を切り離してからそれぞれ一口大に切る。
3. 鍋にごま油を入れて熱し、弱火にして、2の千切りにしたショウガを炒める。いい香りがしてきたら、たまねぎを加えて炒める。しんなりしてきたらそば粉をふり入れて、弱火で粉がたまねぎや油となじむまで炒める。
4. 昆布椎茸だしを3の鍋に少しずつやさしく混ぜながら加え、炒っておいた1のそば粒も加えて、フタをする。中火～強火にかけて、沸騰したら、2の白菜を入れて再沸騰させ、弱火にして約10～15分煮込む。
5. 塩、醤油、白練りごまはすりばち（またはボウル）に入れて、4の鍋から煮汁を少し取って加え、すりこぎなどでよく溶かす。
6. 5を4の鍋に加えて、さらに2～3分煮込む。

Healing Points

- 寒い季節や、からだを温めたいときには、そば粒＋そば粉がおすすめですが、炒った玄米＋玄米粉、または、押し麦＋全粒小麦粉の組み合わせでもおいしくできます。

からだを温め、元気をつけてくれる「ストロング」な素材の組み合わせ。
冷え症の方にはとくにおすすめです。だしをとったあとの昆布の利用法としてもいいですね！

昆布と人参のごま煮

材料（2人分）
昆布（戻したもの、または、だしをとったあとのもの）　約30g
人参　100g
水　適量　　　　　　　ごま油　小さじ1/2
醤油　小さじ2　　　　　白炒りごま　小さじ2

1　昆布は細く切る。人参は斜め薄切りにしてから、太めの千切りにする。
2　鍋にごま油を入れて熱し、1の人参を加えて、しんなりするまで数分間炒める。さらに昆布を加えて、炒める。
3　2に水を材料の高さの半分くらいまで入れて、フタをして中火〜強火にかけ、沸騰したら弱火にして、人参がやわらかくなるまで約15分煮る。
4　白炒りごまは弱火で温まる程度に軽く炒りなおしてから、すりばちで好みのすり加減になるまですっておく。
5　3の鍋に醤油をまわし入れて、水気が多いようであればフタを取ったまま、さらに2〜3分煮る。汁気が多く残っているようであれば、火を強めて、ときどきかき混ぜながら汁気をとばす。味をみて、必要であれば醤油を加えて味をととのえる。
6　5に4のごまを入れて、全体に混ぜてから、器に盛りつける。

Healing Points

- 冬向けの煮物は、汁気をあまり残さずに、こっくりと仕上げることによって、からだを温める素材の力をからだの奥まで届けることができます。

- 暖かい季節につくるときには、人参の代わりにキャベツやたまねぎを使ったり、いんげんやとうもろこしを加えてみましょう。より軽い仕上がりになります。

野菜は生でそのまま食べると、からだが冷えてしまうことがあります。
塩もみしてプレスすれば、そんな心配もなく、また、かさも減ってたくさん食べられます。
それぞれの季節に合った野菜を使って、いろいろなおいしさのプレスサラダがつくれます！

ダブル大根のプレスサラダ

材料（2人分）
大根　200g
切干大根　10g
塩　小さじ1/2〜

水が上がってこなければ、塩を加えます。

1　大根はマッチ棒くらいの太さに切る。切干大根はさっと洗って、ひたひたの水に10分程度つけて戻し、しっかりと水気をしぼる（この切干大根の戻し汁は、味噌汁や煮物などに利用できる）。
2　1の大根と切干大根をボウルに入れて、塩を全体にふりかけて、手でよくもみ込む。
3　漬け物容器に2を入れてプレスするか、または、2をボウルに入れたまま、皿などで重石をする。10分以上たっても水分が上がってこないような場合は、塩がたりないので、少し塩を加えて、もう一度かき混ぜてプレスする。
4　30分〜1時間ほど漬けたら、容器から出して、軽く水気をしぼる。味をみて、塩気が強すぎる場合には、さっと洗ってから水気をしぼる。

Healing Points

- 寒い季節や、からだにパワーが欲しいときには、少し塩気を強めにして（もちろん、しょっぱすぎるのはよくないですが）、長くプレスしたプレスサラダをときどき食べるといいでしょう。根菜を多めにし、乾物や漬け物などを入れてもいいですね。

- 暑い季節やリラックスしたいとき、緊張をほぐしたいときなどには、果物を加えたり葉物や水気の多い野菜を中心にして、塩気も少なめにしましょう。

［セルフ・ヒーリングのための基本メニュー］体調回復のためのヒーリング・メニュー編

ヒーリング・メニュー（体調を早く回復させたいときの食事）のポイントは、まずは「体調不良の原因、からだのバランスを崩す原因になっているものを避ける」ということです。そのうえで、必要であれば「体調回復の助けになる食材」をしばらくの間、多めに食べるようにします。

●体調の不良をまねく、「からだに負担をかける食材」を、しばらくの間（体調が回復するまで）、できればキッパリとやめてみる

・動物性の食品（とくに肉、卵、乳製品）
・白砂糖、熱帯産の果物、カフェインなどの刺激物
・食品添加物の入った加工食品

炎症、発熱、冷え、むくみ、消化不良、痛み……など、つらい症状が出ているときには、つぎのようなものも、症状が回復するまでは避けるか、控えめにする

・油（消化に負担がかかる
・パンやクッキー、クラッカーなどの焼いた粉製品（消化に負担がかかる）
・にんにく、とうがらし、ハーブなどの香りの強い香辛料
・生野菜（塩もみや漬け物にしていないもの）、生の果物

●症状によっては、回復の助けになるようなものを少し多めに食べる（全粒穀物＝玄米をしっかり、おかずは季節のいろいろな野菜を中心にして、豆、海草も少しずつ多種類を、という「毎日のごはん」の構成の中で）

・体力がなくパワー不足のときには根菜、海草、味噌などを多めに
・緊張が続きリラックスできないとき、からだがこわばって柔軟性を失っているようなときには、さっと蒸したりゆでたりした青菜を多めに
・便秘やむくみがひどいときにはあずき、黒豆、根菜類などを多めに
・からだが重く吹き出物などが出ているなど、毒素が溜まっている自覚のあるときには大根、切干大根、干し椎茸などを多めに

はじめに書いたように、わたしたちのからだも、行動したり考えたりするためのエネルギーも、すべて、自分が食べたものからできています。そうであるからこそ、からだのバランスを崩すのも、回復するのも、食べたものの影響によるところがとても大きいのです。

たとえば、肉や卵、チーズなどの動物性食品を食べすぎる（毎日、たくさん……）と、血液に老廃物が溜まってしまい、内臓に負担がかかってしまいます。また、からだに余分な熱がこもってしまい、血管や筋

肉もかたく締めつけられてきて、いろいろな不快な症状が出てきてしまうのです。からだとこころは密接に結びついているため、からだがそういった状態になるにつれて、気持ちもこころもそういった状態になって、やたらと怒りっぽく、神経質になったり、イライラしたり、ときには攻撃的になったり……という状態になってしまいます。

また、白砂糖のたくさん入った甘いお菓子や飲みもの、ミルクやアイスクリームなどの乳製品、熱帯の甘い果物、強いスパイスや刺激のあるカフェインなどをとりすぎると（毎日、たくさん……）と、血液が薄くなって貧血を起こしたり、感染症にかかりやすくなるといわれています。身体は冷えて、皮膚や呼吸器にトラブルが出る場合もあります。精神的には、集中力がなくなったり、無気力になったり、朝起きるのが辛くなったり（一日中寝ていたい）します。

こうした状態は、いずれも、食べものによって「からだのバランスを崩した」状態です。不快な症状が出ているにもかかわらず、こうした食生活をずっと続けていると、いずれは本格的に体調を崩したり、病気になったりする場合があります。

とにかく大切なのは、「体調を崩している原因の大きなひとつは、からだに負担をかけている食べもののとりすぎ」だということを理解すること。そして、早くバランスを取り戻すためには、まず、原因となるそういった食材を避ける、ということです。

「体調が悪い、なにを食べたらいいのか」と考えるのではなく、「体調が悪い、なにをやめればいいのか」を考える。

とりあえずは、前述のような「からだに負担をかける食材」を、体調が回復するまではきっぱりとやめてみて、あるいはできるだけ避けながら、

・全粒穀物をたくさん食べる
・おかずは季節の野菜を中心に、豆、海草も毎日少しずつ食べる
・伝統的な製法でつくられた塩、味噌、醤油を使い、添加物の入っていない昔ながらの漬け物も毎日少しずつ食べる

という食事法を試してみましょう。からだがバランスを取り戻そうとする力、回復しようとする力が邪魔されずにスムーズに働き、すみやかな症状改善の助けになるはずです。また、体調がすぐれないときには、「食べ方」に普段よりも気を配る、ということも大切です。

・たとえからだによいものであっても、食べすぎない！→どんな食べものでも、食べすぎるとどうしても胃腸に負担がかかり、回復の妨げになります
・寝る前や夜遅くに、食べない→就寝3時間前には、食事を終えるようにしましょう！
・よく噛んで食べる→胃腸の負担が減り、吸収もスムーズになります

さて、ここまで読んでいただいたようなことに気をつけた食事、食べ方をすることによって、体調回復・症状改善がスムーズになされることが期待できるのですが、この章では、みなさんからよく寄せられる「こんなところを改善したい」という症状別に、「体調を早く回復するための食事」のヒントとレシピを具体的に紹介します。体の調子がいまひとつだなと思ったときには、ぜひ、試してみてください。

パワー不足のときのレシピ

○こんなときに……

- 日頃から、白砂糖の入った甘いお菓子や飲み物、果物（とくに熱帯産のもの）、アイスクリームや乳製品が大好き
- 手足が冷えている
- からだがだるく、無気力で、何事もやる気がしない
- 慢性的な便秘
- 貧血ぎみ、たちくらみがする

こんなときには、からだが冷え、血液がミネラル不足になっていて、からだ全体がパワー不足になっています。この状態をそのまま続けていると、皮膚や喉、気管支に炎症が起きやすくなったり、冷え性やアレルギー症状がひどくなったりする可能性もあります。

こうした症状を早く改善するには、まず、基本の「動物性食品、白砂糖を避ける」「全粒穀物、野菜、豆、海草、伝統的調味料を中心とした食事にする」に加えて、からだを適度に温め、パワーを与え、血液を強くするような食材を多めにとり入れるといいでしょう。

[食べ方のポイント]

- 人参、ごぼう、大根、山芋、れんこんといった根菜を、毎日の食事に多めにとり入れましょう。じゃがいも、さつまいも、里芋は熱帯原産の芋＝からだを冷やす作用があるので、この症状の場合は、控えた方がいいですね
- 色の濃い葉野菜（大根の葉、かぶの葉、ブロッコリーなど）も、しっかり食べましょう
- 生野菜のサラダは減らし、野菜は加熱調理するか、塩もみ、浅漬けなどにして食べましょう
- ひじき、昆布といった、硬めでしっかりした海草を、週に何度か食べるようにしましょう
- 味噌、醤油、自然海塩といった伝統的な調味料や、化学調味料や砂糖・甘味料の加えられていない梅干し、漬け物などの発酵食品は、血液を強く、丈夫にしてくれます
- 豆、高野豆腐、麩、セイタン（小麦粉のたんぱく質であるグルテンを固めたもの）な

どの植物性たんぱく質食品や玄米餅も、からだにパワーをもたらしてくれます（冷たい豆腐や豆乳はからだを冷やすので控えめに）

・切干大根や干しレンコン、かんぴょうといった乾物もおすすめです
・全体的に、味噌、醤油、自然海塩で少ししっかりめに味をつけましょう
・火を通していない生の油は控えめにして、酢や香辛料、にんにくなども使いすぎないようにした方がいいでしょう

ごはんは、シンプルな玄米ごはんでもいいですし、ひじきや乾物を加えて、醤油などでしっかりめに味をつけた炊き込みごはんもいいですね。その際、材料を一度炒めてから水を入れて炊くと、より「パワフル」なごはんになります。
スープ、汁物は、大きめにゴロゴロと切った根菜を具にして、しっかり煮込んだものにすると、からだがとても温まって元気が出ます。野菜料理は、根菜を味噌や醤油などでしっかり味つけしてじっくり煮込んだものと、濃い緑の葉野菜を短時間ゆでたり蒸したりしたものを組み

合わせるといいですね。もし、一食の中で両方というのが難しければ、一日の中でその両方が入っているようにしましょう。また、豆や豆製品（豆腐、高野豆腐、油揚げ、厚揚げ、納豆、テンペなど）、その他の植物性たんぱく質食品（麩、セイタンなど）も、毎日忘れずに食べて、力をつけましょう。豆腐は、冷たいままだとからだを冷やす作用が少し強すぎるので、加熱して食べることをおすすめします。

それでは、パワー不足のときのレシピ例をいくつか紹介しましょう。

ひじきをたっぷり入れて、しっかりめに味つけをした玄米ごはん。
冷めてもおいしいので、お弁当にもぜひ！

ひじきと油揚げの炊き込みごはん

材料（ごはん茶碗約4〜5杯分）
玄米　2カップ　　　　水　2と1/2カップ
芽ひじき　大さじ2　　醤油　小さじ2
油揚げ　1枚　　　　　塩　小さじ1/4
ショウガ　ひとかけ

1. 油揚げはザルなどに入れて、たっぷりの熱湯を両面にかけ、油抜きをする。幅を半分に切ってから、細切りにする。ショウガはすりおろして、汁をしぼって取り分けておく。
2. 玄米は洗って圧力鍋に入れ、分量の水を加えて、2〜8時間程度浸水させる（p16）。
3. 芽ひじきはさっと洗い、**2**の圧力鍋に入れる（炊く10分以上前に加えるとよい）。
4. **3**の圧力鍋に**1**の油揚げとショウガのしぼり汁、醤油、塩を加えて、フタをして中火〜強火にかけ、圧が上がったら、弱火にして約30分炊く。
5. 時間がきたら火からおろして、自然に圧が抜けるまで待つ。
6. フタをあけて、木のしゃもじで鍋底から全体をさっくり混ぜる。

Healing Points

- 海草は油分と一緒にとると、カルシウムの吸収がよりスムーズになります。ひじきを料理するときには、油揚げやごまなどと組み合わせると味もよくなるうえに、適度な油分もとれるのでおすすめです。

パワー不足を感じたら、
コロコロッと大きく切った根菜をしっかり煮込んだ
「ストロング」な味噌汁を！！

大根と山芋の味噌汁

材料（2人分）
昆布椎茸だし　2カップ
大根、山芋、長ねぎ　各50g
麦味噌　大さじ1
豆味噌　大さじ1/2

1. 大根と山芋は大きめの一口大に切る。長ねぎは3cmくらいの長さに切る。
2. 昆布椎茸だし、1の大根、山芋、長ねぎを鍋に入れ、フタをして中火〜強火にかけ、沸騰したら弱火で約10〜15分、材料が充分やわらかくなるまで煮る。
3. 麦味噌と豆味噌はすりばち（またはボウル）に入れて、2の鍋から煮汁を少し取って加え、すりこぎなどでよく溶かす。2の鍋に溶いた味噌を入れ、そのままかき混ぜずに2〜3分火を通す。
4. 最後に全体をやさしく混ぜ、味をみて、必要であれば味噌を加えて味をととのえる。

Healing Points

- 豆味噌は、からだに「カツ！」を入れてくれる強いエネルギーをもっています。元気になりたいときには、麦味噌や米味噌にブレンドして使ってみましょう。
- 野菜は大きめに切って、じっくり煮込むことにより、熱が素材の中までしっかり入り込むため、からだを温め、血液を強くしてくれる力がからだの奥まで届きます。

根菜と乾物の組み合わせは、身もこころも「シャキッ!」とさせたいときの最強の組み合わせです。

車麩とごぼうの味噌煮込み

材料(2人分)
- 車麩　2個
- ごぼう　100g
- たまねぎ　50g
- ショウガ　ひとかけ
- 昆布椎茸だし　1と1/2カップ
- 麦味噌　小さじ1
- 豆味噌　小さじ1
- 醤油　小さじ1
- ごま油　小さじ1
- 万能ねぎの小口切り　少々

1. 車麩は10分ほど水につけて戻し、それぞれ1枚を6等分に切っておく。ごぼうは斜め薄切りにし、たまねぎは薄切りにする。ショウガはすりおろして、汁をしぼって取り分けておく。
2. 鍋にごま油を入れて熱し、1のごぼうを弱火で炒める。ツンとした匂いが消えてから約2〜3分後、ごぼうの甘い香りが出てきたら、一度鍋から取り出して、たまねぎをしんなりするまで炒める。
3. 2のたまねぎの上に、取り出しておいたごぼう、1の車麩を重ね、昆布椎茸だしを静かにそそぎ入れる。
4. 3にフタをして中火〜強火にかけ、沸騰したら弱火にして、15〜20分煮込む。
5. 麦味噌、豆味噌、醤油はすりばち(またはボウル)に入れて、4の鍋から煮汁を少し取って加え、混ぜながら溶かして、4の鍋に入れる。ふたたび鍋にフタをして、3分ほど煮る。
6. 全体をさっくりと混ぜ、味をみて、薄ければ味噌、醤油などを少し加えて味をととのえる。汁気が多いようなら、フタを取って火を強め、汁気をとばす。
7. 火を止める直前に、1のショウガのしぼり汁を加える。
8. 7を器に盛りつけ、万能ねぎの小口切りを薬味として散らす。

Healing Points

- ごぼうは、はじめにじっくり炒めることによって、水にさらさなくてもアクを抜くことができます。水にさらしてアクを抜いてしまうと、うまみまで抜けてしまいます。
- ショウガは、少量食べると血液の循環がよくなって、からだが温まります。大量に食べると発汗して、その後、体温が下がってしまうので、寒い時期や冷え症の方は食べすぎないように注意しましょう。少量を効果的に使うのがポイントです。

ごぼうは甘い香りが漂ってくるまで数分間炒めます。

普通のごま和えじゃ、物足りない！というときには、緑の濃い、しっかりした野菜を選び、
植物性たんぱく質たっぷりの食品をプラスしてみましょう。

セイタン入りブロッコリーの黒ごま和え

材料（2人分）
ブロッコリー　200g
セイタン（p36参照）　30g
地粉　少々
なたね油（またはごま油）　適量
塩　ひとつまみ
黒炒りごま　大さじ1
麦味噌（または玄米味噌）
　　小さじ1/2

Healing Points
・ブロッコリーのほかにも、芽キャベツ、クレソン、大根の葉、人参の葉などでつくると、同じような効果が期待できます。

1　ブロッコリーは小房に分ける。茎の部分も硬い皮を除いて、食べやすい大きさに切る。セイタンは細くスライスし、地粉をまぶして、なたね油（またはごま油）でキツネ色になるまで揚げる（または、油でキツネ色の焼き色がつくまで焼く）。
2　鍋に湯を沸騰させて、塩ひとつまみを加え、1のブロッコリーを入れて色よくゆでる。ゆであがったら、盆ザルなどに取って、粗熱をとる。このとき、ゆで汁を少し取っておく。
3　黒炒りごまは小鍋に入れて、弱火で軽く温まるまで炒りなおす。すりばちに入れて、粒が見えなくなるまですり、麦味噌（または玄米味噌）を入れてさらに混ぜ、2で取っておいたゆで汁を少し加えて、とろりとした濃度になるまで混ぜる。
4　2のブロッコリーと1のセイタンに、3を味をみながら加えて、全体をやさしく混ぜる。味をみて、3を全部入れても薄く感じたら、醤油などを加えて味をととのえる。

リラックスしたいときのレシピ

○こんなときに……

- 日頃から、肉、魚、卵、塩辛いチーズ、せんべいやおかきなどが大好き
- 味の濃いものが大好き
- 仕事や勉強、細かい作業などを長時間続けることが多い
- 忙しくて息をつく暇もないような日を過ごすことが多い
- 頭の後ろ、首、肩などがこわばったり、凝ったり、鈍痛がしたりする
- からだを曲げ伸ばしするときに全身がこばっているような気がする
- いつもイライラして、ちょっとしたことで怒ってしまう。頑固に自分の考えに固執してしまう
- 細かいことが気になりすぎる
- リラックスできず、夜も頭が冴えすぎて眠れない。朝早く目が覚めてしまう

こんなときには、からだの中に余分な熱がこもり、血液やエネルギーがからだの中に重たく滞りがちになっています。血管や内臓、筋肉や関節が柔軟性を失いつつあり、肝臓も疲れてしまっている可能性があります。からだ全体がとてもタイトになっていて、緊張している状態になっているわけですね。こうした状態を放っておいて、ひどくなってしまうと、脳卒中や循環器(心臓、動脈など)をはじめとした血管やいろいろな内臓の慢性的な病気につながりかねません。このような症状を早く改善するには、まず基本の「動物性食品、白砂糖を避ける」「全粒穀物、野菜、豆、海草、伝統的調味料を中心とした食事にする」に加えて、からだを適度にゆるめ、やわらかさを取り戻し、からだの熱を適度に逃がしてくれる食品を多めにとることをおすすめします。

[食べ方のポイント]

・さっとゆでたり、蒸したりした緑の葉野菜を、毎食食べるようにしましょう

・根菜やかぼちゃ、キャベツなどの丸い野菜も忘れずに。ただし、食べる量は、しばらくの間は葉野菜の方が少し多くなるようにしましょう

・麦類（押し麦、大麦、ハトムギなど）をときどきごはんに炊き込んだり、おかずやスープに使うといいでしょう

・海草料理は、じっくり炒め煮にするというよりは、野菜などと組み合わせてあっさりとしたサラダや和え物にする食べ方を少し多めにします

・味噌、醤油、自然海塩といった伝統的な調味料や、化学調味料や砂糖・甘味料の加えられていない梅干し、漬け物などの発酵食品は体調回復に役立ちますが、こうした症状の場合はあまり味つけを濃くしないように「薄味」を心がけ、漬け物や梅干しも食べすぎないようにした方がいいでしょう

・全体的に火にかける時間は短めにし、フ

レッシュさや、しゃきっとした歯ごたえの残った料理を毎食どこかにとり入れるようにしましょう

ごはんは、ときどき押し麦、大麦やとうもろこしなどと一緒に炊いてみましょう。圧力鍋で炊いてもいいのですが、リラックスしたいときには、圧力をかけずに、土鍋やステンレスの鍋などで炊く回数を増やすといいでしょう。スープには、葉野菜、ねぎやセロリ、もやしなどを入れて。野菜料理は、葉野菜を短時間調理したものを食べるのを忘れないようにしてくださいね。豆・豆製品は、レンズ豆などのやわらかい豆・納豆、テンペなどの発酵した豆製品、豆腐などがおすすめです。寒天を使ってやわらかく固めた冷たいデザートはからだをリラックスさせてくれるので、こういう症状のときにはときどき食べるといいでしょう。

それでは、心身のこわばり・緊張を解いて、リラックスしたいときのレシピ例を紹介しましょう。

ノンオイルなので、コクがあるのにさっぱりしたパスタ料理。たっぷりのキャベツと豆腐ソースで食べます。

マカロニ・キャベツの豆腐ソース添え

材料（2人分）
ショートパスタ（ペンネ、マカロニなど）　160g
キャベツ　200g
塩　適量

豆腐ソース
- 木綿豆腐　1/2丁（1時間ほど水きりをしておく）
- 梅酢　小さじ2
- 玄米酢　小さじ1
- 白味噌　小さじ2
- 米飴　小さじ1
- 塩　ひとつまみ

Healing Points
- 油を使わないので、内臓が疲れているときでも、からだに負担をかけません。
- 麺類（パスタ、うどんなど）は、からだを適度にリラックスさせてくれる食材です。忙しい日が続いたときなどに、たっぷりの野菜と一緒に調理するのがおすすめです。

1. 豆腐ソースをつくる。木綿豆腐は1時間ほど水きりして、そのほかの材料と一緒にフードプロセッサーにかける。または、すりばちでなめらかになるまで攪拌する。
2. キャベツは一口大にザクザクと包丁で切るか、手でちぎっておく。
3. 大きめの鍋に湯を沸騰させ、だいたい海水くらいの塩辛さになるように塩を入れて、ショートパスタをゆでる。ショートパスタの所定のゆで時間の2分前に、**2**のキャベツを加える。
4. **3**がゆで上がったらザルにあげて、しっかりと湯をきり、器に盛りつけて、**1**の豆腐ソースを上からかける。

キャベツはパスタと一緒にゆでられるので簡単です。

からだを適度にゆるめ、ほっとさせてくれるリラックス素材をたっぷり使ったスープ。
忙しかった日の夜ごはんに、ぜひ、どうぞ。

押し麦とセロリのスープ

材料(2人分)
押し麦　大さじ2
たまねぎ　50g(約1/4個)
セロリ　70g(約1/2本)
昆布椎茸だし　2カップ
塩　小さじ1/3
薄口醤油(なければ普通の醤油)
　小さじ1/2

1　押し麦は洗って、水気をきっておく。たまねぎは薄切りにし、セロリは斜め薄切りにする。セロリの葉は粗いみじん切りにする。

2　鍋に鍋底がやっとかくれるくらいの水(分量外)を入れて沸騰させ、1のたまねぎを入れて炒める(ウォーターソテー)。火加減は、たまねぎを入れた直後は中火で、たまねぎに火が通ってきたら弱火にする。

3　2のたまねぎがやわらかくなったら、1のセロリを入れてさっと炒め、さらに押し麦を入れて、昆布椎茸だしをそそぎ入れる。フタをして中火〜強火にかけて、沸騰したら弱火で約10分煮る。

4　3に塩、薄口醤油(なければ普通の醤油)を入れて、さらに2〜3分煮る。味をみて、薄いようであれば塩、薄口醤油などを加えて味をととのえる。

Healing Points
- ウォーターソテーは油を使わない炒め方のことです。油を控えたいときや、胃腸の調子が悪いとき、また、さっぱりしたものが食べたいときに、油炒めの代わりに使える便利な調理法です(p59の写真参照)。

海草をさっぱりと食べたいときには、サラダ仕立てにするのがおすすめです。
あらめはクセがなく、甘みがあって、とても食べやすい海草。
サラダにしても、煮物にしてもおいしいです。

あらめとレタスのサラダ仕立て

材料（2人分）
あらめ　8g
りんごジュース　大さじ1
醤油　小さじ1
レタス　100g
ごま味噌万能ドレッシング（p21）　適量

Healing Points

・海草は毎日必ず食べたい食材ですが、心身を引き締める力をもっているため、リラックスしたいときには、りんごジュース（ほっとゆるめてくれる効果があります）を加えたり、生野菜や短時間さっとゆでたり蒸したりした野菜と組み合わせて食べたりするといいでしょう。

1. あらめはさっと洗い、5分ほど水につけておいてから、水気をきっておく。
2. 鍋に1のあらめとりんごジュースを入れて、あらめがやっとかぶるくらいの水（分量外）を加え、フタをして中火にかける。沸騰したら火を弱めて、あらめがやわらかくなるまで15分ほど煮る。
3. 2に醤油をまわし入れ、さらに2～3分煮る（このとき、汁気が多ければフタを取ったまま煮る）。煮汁がたくさん残っていたら、火を強めて、ときどきかき混ぜながら汁気をとばすようにする。その後、バットなどに移して、粗熱をとっておく。
4. レタスは手で食べやすい大きさにちぎり、3を混ぜ合わせ、ごま味噌万能ドレッシングを味をみながら少しずつ好みの味になるまで加える。

リラックスしたいときのデザートの定番、寒天を使ったふるふるのゼリーです。
いろいろな季節の果物でつくってみてください。

アップルゼリー

材料（つくりやすい分量：約4人分）
りんごジュース　2カップ
粉寒天　2g
塩　ほんの少々
季節の果物　適量（目安として約3/4カップ分）
ミントの葉　少々

1　鍋にりんごジュース、粉寒天、塩を入れて火にかけ、静かに混ぜながら沸騰させる。
2　**1**が沸騰したら、弱火にして5～6分、寒天が完全に溶けるまで煮る。
3　季節の果物は食べやすい大きさにカットして、器に入れ、その上から**2**の寒天液をそそぎ入れる。冷やし固めて、ミントの葉を飾る。

Healing Points

- 塩を加えることによって、甘みがさらに引き立ち、りんごジュースの糖分によるからだを冷やす作用とのバランスをとることができます。
- りんごや梨などの固い果物を使う場合は、消化をよくするために、寒天液と一緒に2～3分煮るといいでしょう。

デトックスしたいときのレシピ

○こんなときに……

- 日頃から、肉、卵、乳製品、揚げ物や脂っこいものが大好きで、よく食べる
- 全粒穀物や野菜、海草を食べる量が少ない
- あまりからだを動かす機会がなく、運動不足になりがち
- 肌がべたついたり、かさつくことが多い
- 吹き出物、ニキビに悩まされている
- こめかみや側頭部の頭痛がある
- 全体的にからだが重たく、だるく、すっきりしない
- 体臭、口臭などが気になる

こういったことが気になるときには、からだに老廃物、汚れが溜まっている可能性があります。動物性のものや脂肪など、消化・代謝されにくく血液に老廃物を残してしまいがちな食品をたくさん食べて、かつ、老廃物を外に出してくれるような食品(全粒穀物、野菜、海草、豆など)をあまり食べないような食生活を続けると、血液がだんだん汚れてきて、そこに有害な物質が生じてしまいます。放っておくと、このような不快な症状をもたらすだけではなく、やがて慢性的な病気の原因にもなる可能性があります。早めに食生活を改善して、血液や内臓をすっきりと掃除＝デトックスしましょう。

デトックスという英語は、toxin(毒)を取り除く、という意味です。からだに老廃物・毒素を溜めやすくしてしまう食材(動物性食品、脂肪)を控え、食物繊維が豊富で老廃物・毒素の排出を促してくれる食材である全粒穀物、野菜、豆、海草を中心とした食生活にすることにより、自然なかたちで全身のデトックスが可能になります。「デトックス用」と銘打ったドリンクやサプリメントなどがたくさん販売されていますが、わざわざそういったものを飲まなくても、普段の食事に気をつけるだけで、デトックスは簡単にできるのです。

ごはんは、シンプルに玄米だけでもいいですし、雑穀を入れて炊いてもいいでしょう。飽きないように、ときにはおむすびにするのもいいですね。スープやおかずは、油を控えめにして、野菜をたっぷり使って。大根おろしはスープや鍋ものに入れてもおいしいですし、切干大根は煮物だけではなくスープやサラダ、炊き込みごはんなど、いろいろなところに登場させることができます。豆は、気になる症状がかなり強い場合には、大豆などの脂肪分の多い豆はしばらく少なめにして、あずき、ひよこ豆、レンズ豆、黒豆といった、脂肪分の少ないものを中心にするといいでしょう。とくに、あずきや黒豆は、血液をきれいにしてくれる作用が高いことが知られています。

それでは、血液をきれいにして老廃物・毒素の排出を助けてくれるレシピ例を紹介しましょう。

[食べ方のポイント]
・動物性の食品（とくに肉、卵、乳製品）を食べる量を、できるだけ減らしましょう
・油（植物性の油を含む）も、気になる症状がおさまるまで1〜2か月、少なめにするようにこころがけましょう
・全粒穀物（玄米、その他の穀物）をしっかり食べるようにします。なるべく、玄米ごはんのように「粒のまま」食べる回数を多くすると、さらにいいでしょう
・おかずは、季節の野菜をたっぷり使ったものにします。葉野菜、丸い形の野菜、根菜をバランスよく食べることを忘れないようにします
・大根おろし、切干大根などの、とくに脂肪、たんぱく質のとりすぎを排出する効果の高い食材を、気になる症状がおさまるまで、多めに食べるといいでしょう。大根おろしを食べるときには、塩分や海苔などでミネラルを補給するのを忘れないようにしてください（大根おろしはミネラルを排出してしまう作用もあるので）
・豆、海草にも血液をきれいにする効果があるので、毎日少しずつ食べましょう

デトックスをしたいときには、シンプルな玄米ごはんがいちばん！
ときには、おむすびにしてみるのもいいですね。梅干しを入れて、解毒効果を高めましょう。

玄米おむすび

材料（2個分）
玄米ごはん（p16）　茶碗2杯分
梅干し　1個
梅酢　少々

1　ボウルにきれいな水（分量外）を入れて、梅酢少々を加え、手水にする。
2　1の手水で手を濡らし、炊きたての玄米ごはんでおむすびをつくる。梅干し1/2個を中に入れる。
＊　好みで海苔を巻いて食べる。

Healing Points

・すぐれた天然の殺菌作用がある梅酢を手水に加えることによって、ごはんが傷みにくくなります。

「これでもかっ！」と、デトックス食材をてんこもりにした、とってもおいしいスープです。
ごちそうを食べすぎた日の翌日などに、ぜひ、たっぷり飲んでください。

大根と切干大根と干し椎茸のデトックス・スープ

材料（2人分）
たまねぎ　50g（約1/4個）
大根　50g
切干大根　8g（戻し汁はとっておく）
干し椎茸（だしをとった後のものでよい）　1枚
昆布椎茸だし　2カップ
塩　小さじ1/2
大根葉（さっと湯がいて小口切りにしたもの）　少々

1　たまねぎは薄く切る。切干大根はさっと洗ってから、ひたひたの水に10分ほどつけて、やわらかくなるまで戻し、食べやすい長さに切る（戻し汁はとっておく）。干し椎茸は粗いみじん切りにする。
2　1のたまねぎをウォーターソテー（p45およびp59）する。たまねぎがやわらかくなったら、昆布椎茸だし、1の切干大根、切干大根の戻し汁、干し椎茸を加える。フタをして中火～強火にかけ、沸騰したら弱火にして、切干大根がやわらかくなるまで15分くらい煮る。
3　大根はおろしておき、2の鍋に加えて、さらに1～2分火を通す。塩を入れ、1～2分煮て、味をみる。必要であれば、塩を加えて味をととのえる。
4　3を器に盛りつけ、さっと湯がいて小口切りにした大根葉を散らす。

Healing Points

- 大根おろしは食べたばかりの脂肪、切干大根はからだの奥の方に溜まった脂肪を溶かして、外に出すのを助けてくれます。干し椎茸も脂肪の代謝を促進してくれる食材です。
- リラックスしたいときや肩こりのひどいときにもおすすめのスープです。
- デトックスしたいときには、油をなるべく使わない方がいいので、炒めるときにはウォーターソテーにするといいでしょう。

油をまったく使わないのに、コクとうまみがたっぷりのシチュー。
むくみがちのときも、ぜひ、試してみてください。

あずきのノンオイル・シチュー

材料（つくりやすい分量：約4人分）
あずき　1/2カップ
昆布　3cm角1枚（水につけて戻し、戻し汁はとっておく）
水　適量
たまねぎ　50g（約1/4個）
人参　50g（約1/4本）
セロリ　50g（約1/4本）
れんこん　50g（約小1/2個）
塩　小さじ1/4
醤油　小さじ1/2

1. あずきは洗って、3倍量の水（分量外）と水で戻した昆布と一緒に鍋に入れ、フタをしないで中火〜強火にかける。沸騰したら、水1/2カップ（昆布の戻し汁も含む）を加え、再沸騰したらフタをして、あずきがやわらかくなるまで約40〜50分煮る。途中、水分量をチェックし、必要であれば差し水をして、あずきがいつも水をかぶっているように気をつける。
2. たまねぎ、人参、セロリ、れんこんはそれぞれ7〜8mm角くらいのさいの目切りにする。
3. 1のあずきがやわらかく煮えたら、2のセロリ、たまねぎ、れんこん、人参の順番にあずきの上に重ねていき、フタをして中火〜強火にかける。沸騰したら火を弱めて、野菜がやわらかくなるまで約15分煮る。
4. 3に塩を均等にふり入れて、醤油をまわし入れ、さらに5分ほど煮る。最後に全体をやさしく混ぜ、味をみて、必要であれば塩、醤油などを加えて味をととのえる。

Healing Points

- あずきは、血液を浄化する効果や腎臓の働きをととのえてむくみを解消する効果があると知られています。ヒーリングのためには、砂糖などで甘みをつけずに調理しましょう。あずき本来の甘みが味わえて、とてもおいしいですよ。

切干大根は火を通すだけではなく、戻しただけでもおいしく食べられます。
ノンオイルでさっぱりしたサラダをつくりましょう。
食べているそばから、血液がきれいになりそうな感じがしてきますよ！

切干大根とキャベツのプレスサラダ

材料（2人分）
切干大根　10g
キャベツ　200g
塩　小さじ1/2

1. 切干大根はさっと洗って、ひたひたの水に10分程度つけて戻し（この切干大根の戻し汁は、味噌汁や煮物などに利用できる）、しっかりと水気をきって、食べやすい長さに切る。
2. キャベツは細切りにする。
3. 1の切干大根と2のキャベツをボウルに入れて、塩を全体にふりかけ、手でよくもみ込む。
4. 漬け物容器に3を入れてプレスするか、または、3をボウルに入れたまま、皿などで重石をする。10分以上たっても水分が上がってこないような場合は、塩がたりないので、少し塩を加えて、もう一度かきまぜてプレスする。
5. 30分〜1時間ほど漬けたら、容器から出して、軽く水気をしぼる。味をみて、塩気が強すぎる場合には、さっと洗ってから水気をしぼる。

Healing Points

- 肉や魚に添えるサラダとしてもぴったりのレシピですが（余分な動物性脂肪を外に出してくれるため）、その場合は少し塩加減を弱めにした方がいいでしょう。
- 同じ目的で「ダブル大根のプレスサラダ」（p33）もおすすめです。

甘いものがやめられない人におすすめのレシピ

○こんなときに……

・甘いものが大好きで、どうしてもやめられない
・甘いものを我慢すると、イライラしてしまう
・午後3時くらいになると、お腹がすいて、甘いものを食べずにはいられない
・集中力がなく、無気力、ぼんやりしていることが多い
・とくに理由もなく落ち込んだり、悲観的な気持ちになったりすることが多い
・朝起きられず、いつまでも寝ていたいと思う

人間のからだには、「糖分」が不可欠です。糖分がなければ脳は動かないですし、からだが活動するエネルギーも生まれません。そして、なにより、わたしたちはみんな、甘いものが大好きです。そう、わたしたちにとって、糖分というのは、とても大切なものなのです。

では、糖分なら、どんなものでも、同じようにいいのでしょうか？

どうも、そうではないようです。

糖分には、大きく分けて「単糖類」と「多糖類」という2種類があります。「単糖類」は糖の分子がバラバラになっているもの、「多糖類」は糖の分子が複数くっついているもの、とイメージしていただければいいと思います。糖の分子がバラバラになっている「単糖類」は、体内に入るとあっという間に血液に吸収されてしまい、血糖値を急激に上げるという性質をもっています。その結果、膵臓から血糖値をコントロールするホルモンがたくさん分泌されて、今度は血糖値が大きく下がります。これが繰り返されると、膵臓の機能が弱ってしまい、低血糖症（血糖値が常に低すぎる状態になる）や、糖尿病（血糖値が常に高すぎる状態になる）の一因となってしまうのです。

午前10時頃や午後3時前後に強く疲労感や空腹感を感じ、甘いものが食べたくてイライラするような人は、低血糖症の可能性があります。

また、単糖類のとりすぎは、からだの冷えや、血行不良にもつながり、精神的にも集中力の低下や落ち込み、悲観的考え、抑うつ症状などを招いてしまいます。精製された白砂糖は、非常に高純度な単糖類の固まり（ほぼ100％が単糖類）なので、からだに与える影響がとても大きいのです。心地よい毎日を過ごすためには、控えめにしておいた方がいいでしょう。

それに対して、「多糖類」は糖の分子がたくさんくっついているので、体内に入ってからの消化吸収のスピードがゆっくりです。血糖値を急激に上げることなく、安定したエネルギーを持続して供給してくれます。単糖類が、「勢いよく燃えて、すぐに燃え尽きる」タイプのエネルギー源だとすれば、多糖類は、「ゆっくりと長時間燃え続ける」タイプのエネルギー源といえるでしょう。前者はたき火に燃えやすい紙を入れるようなもの、後者は丸太のような太くしっかりした木を入れるようなもの、とイメージしていただくとわかりやすいと思います。

多糖類は、ごはん、雑穀、パン、麺などに多く含まれている「複合炭水化物」です。玄米やその他の全粒穀物、また全粒の小麦粉でつくられたパスタやうどん、パンなどは、白米や精白された小麦粉製品に比べると、より血糖値の上昇が緩やかで、より長く持続するエネルギーを供給してくれるので、おすすめです。

かぼちゃやたまねぎ、人参、キャベツ、かぶなどに含まれている甘みも、多糖類。そのほかにも、豆（とくに、ひよこ豆）や海草（とくに、あらめ）にも、多糖類は多く含まれています。

[食べ方のポイント]

・全粒穀物や全粒穀物製品を毎日たくさん食べましょう。

・甘みの強い野菜（たまねぎ、人参、キャベツ、かぶなど）を、毎日たっぷり食べるようにしましょう。そうすると、からだに良質の糖分がたっぷりとり込まれるので、白砂糖などの強い甘みへの欲求を抑えることができます。ひよこ豆、あらめ（海草）を週に数回食べるのもおすすめです

・肉や卵、強すぎる塩気などの多い食生活をしていると、反動で強い甘みを常に欲するようになってしまうので、そういった動物性の食品を食べる量を減らすのも、とても効果的です

それでは、甘いものが大好きでなかなかやめられないという方におすすめのレシピ例を紹介しましょう。

甘いかぼちゃを炊き込んだ、スイートで食べごたえのある玄米ごはん。
甘いものを食べたい気持ちをしっかり満足させてくれます。

かぼちゃ入り玄米ごはん

材料（ごはん茶碗約4〜5杯分）
玄米　2カップ
かぼちゃ　150g
水　2と2/5カップ（480ml）
昆布　切手大1枚

1. 玄米は洗って、圧力鍋に入れ、分量の水を加えて、2〜8時間浸水させる（p16）。
2. かぼちゃは大きめの一口大に切って、**1**の圧力鍋に入れる。昆布も入れる。
3. フタをして中火〜強火にかけ、圧が上がったら弱火にして約30分炊く。
4. 時間がきたら火からおろして、自然に圧が抜けるまで待つ。
5. フタをあけて、木のしゃもじで鍋底からやさしく上下を返すように混ぜる。

Healing Points

- かぼちゃのない季節には、甘栗を入れて炊く（p28）といいでしょう。
- かぼちゃ、たまねぎ、かぶなどの球形の野菜は、心身のエネルギーを安定させてくれる性質をもっているため、季節の変わり目の体調が安定しないときには、とくにおすすめの野菜です。

甘みたっぷりの雑穀「もちきび」と、甘みたっぷりの野菜でつくる、とっておきのシチュー。
身もこころもホッとする味わいです。豆乳を入れると、クリームシチューのようにコクのある味わいに。

もちきびと甘い野菜のシチュー

材料(2人分)
かぼちゃ　100g(約1/8個)
人参　100g(約1/2本)
たまねぎ　100g(約1/2個)
もちきび　大さじ2
昆布椎茸だし　1と1/2カップ
塩　小さじ1/4
白味噌　小さじ1
醤油　小さじ1
白練りごま　小さじ1
豆乳　1/4カップ
パセリのみじん切り　少々

1　かぼちゃ、人参、たまねぎは一口大に切る。
2　もちきびは目の細かいザルに入れて洗い、水をきっておく。
3　鍋に1のたまねぎを平らに入れる。その上に水をきった2のもちきびを重ねる。さらに、かぼちゃ、最後に人参の順番にそれぞれ平らに重ね、昆布椎茸だしを静かにそそぎ入れる。
4　3に塩を全体に均等にふり入れ、フタをして中火にかける。沸騰したら、ごく弱火にして、人参、かぼちゃがやわらかくなるまで15〜20分煮る。
5　すりばち(またはボウル)に白味噌、醤油、白練りごま、豆乳を入れて、すりこぎなどですり混ぜ、4の鍋から煮汁を少し取って加え、よく溶き混ぜておく。
6　4の野菜がやわらかくなったら、5を入れて、かき混ぜずにそのままもう一度フタをし、さらに1〜2分煮る。最後に全体をやさしく混ぜ、味をみて、塩味がたりなければ塩を加えて味をととのえる。
7　6を器に盛りつけ、パセリのみじん切りを薬味として散らす。

Healing Points

・もちきびのほか、もちあわでも同じようにつくれます。
・野菜はこのほかにも、かぶ、キャベツなどがよく合います。

あらめは、海草の中でも甘みがとくに強く、ひじきが苦手な人でもおいしく食べられます。
たまねぎ、とうもろこしと一緒に煮ると、まるで砂糖が入っているかのように甘くなって、びっくりです。

あらめとたまねぎととうもろこしの煮物

材料(2人分)
あらめ　10g
たまねぎ　100g(約1/2個)
とうもろこし(粒)　50g
　(ゆでて、芯からはずしておく。
　または缶詰や冷凍の粒を使う)
醤油　小さじ2
ごま油　小さじ1/2

Healing Points

- とうもろこしのほかにも、人参、かぼちゃ、キャベツなどの甘い野菜があらめにはとても合い、また、同じような効果が期待できます。
- 油を控えたい場合は、たまねぎをウォーターソテー(p45およびp59)し、ごま油の代わりに仕上がりにすりごまをふりかけるといいでしょう。

1. あらめはさっと洗い、5分ほど水につけておいてから、水気をきっておく。たまねぎは薄切りにする。
2. 鍋にごま油を入れて熱し、1のたまねぎを入れて、弱火でやわらかくなるまで炒める。
3. 2のたまねぎの上に1のあらめを広げてのせ、その上にとうもろこしを均等にのせる。
4. 3の鍋のたまねぎがかぶるくらいの量の水(分量外)を入れて、フタをして中火にかけ、沸騰したら火を弱めて、あらめがやわらかくなるまで15分ほど煮る。
5. 4に醤油をまわし入れ、さらに2〜3分煮る(このとき、汁気が多ければフタを取ったまま煮る)。煮汁がたくさん残っていたら、火を強めて、ときどきかき混ぜながら汁気をとばすようにする。

甘いものがやめられない人は、からだのいろいろなところが「凝り固まっている」場合が多いのです。
ウォーターソテーした甘い野菜で、心身をほどよくゆるめてあげましょう。

かぶとかぶの葉のウォーターソテー

材料（2人分）
かぶとかぶの葉　小さめのもの2個分
塩　少々

Healing Points
- かぶの根と葉、つまりかぶの全体を使うことによって、からだの中の血液やエネルギーの循環がとてもよくなります。デトックス効果も大きくなるので、老廃物を早く外に出したいときにもおすすめです。

1　かぶは6〜8等分のくし切りにする。かぶの葉は5cmくらいの長さに切る。
2　鍋に鍋底がやっとかくれるくらいの水（分量外）を入れて沸騰させ、1のかぶを入れて炒める（ウォーターソテー）。かぶが少し透明になってきたら、かぶの葉を加え、葉の色があざやかに変わってきたら、塩少々を全体にふり入れて、さっと混ぜる。

水はほんの少し入れ、沸騰させてから野菜を入れるのがポイント。

むくみや便秘がちなときにおすすめのレシピ

○こんなときに……

- 日頃から、白い砂糖のたくさん入った甘いものや果物、ミルクや生クリームなどのやわらかい乳製品、冷たいものが大好きで、よく食べる
- 日頃から、精白された白い小麦粉でできたパンやお菓子が大好きで、よく食べる
- 野菜といえば生野菜で、火を通した野菜はあまり食べない
- 喉が渇いていなくても、水分をたくさんとる習慣がある
- 手足が冷えていて、夏でも靴下をはかないと眠れない
- 水分をたくさん飲んでいる割には、トイレに行く回数が少ない
- 朝起きたときや夕方、顔や手足がむくんでいる
- いつも便秘がちで、頭が痛くなったり、吹き出物が出ることもある

わたしたちには、食べたものや飲んだものの「余剰」をからだの外に出す力があります。腎臓や腸が、主にその役割を担っています。腎臓や腸が健康でしっかりと働いていれば、余分な水分はちゃんと外に出ていきますし、便通も毎日スッキリ！

ところが、腎臓の働きが弱っていると、からだの水はけが悪くなってしまい、「むくみ」という症状が現れます。朝起きて顔がむくんでいたり、スカートやパンツが妙にきつかったり、指輪が指に食い込んでしまったり……って、なんだか、とっても悲しいですよね。しかも、からだに余分な水分が溜まると、からだが冷えてしまい、血行が悪くなるので、よけいにむくんでしまうという悪循環が生まれてしまいます。むくみが出ているときには、気分も重く、やる気が出なかったり、落ち込んだ気分になりがちです。

また、甘いものや冷たいものの食べすぎで、大腸がゆるんでしまうと、腸の動きが鈍くなって、慢性的な便秘になってしまうことがあります。いうまでもなく、便秘は不快な症状ですし、長く続くと老廃物がちゃんと体外に排出されないので、血液に毒素が溜まりがちになります。

こうした症状を改善するためには、原因となるような甘いもの、果物、冷たいもの、乳製品などを控えて、腎臓や腸をいたわり、強くしてくれるような食材をしっかりと食べましょう。

基本的には、全粒穀物をしっかりと食べ、野菜をバランスよく（葉野菜、キャベツやかぼちゃなどの丸い野菜、根菜を偏りなく）食べ、豆・豆製品（納豆、豆腐など）、海草を毎日食べていれば、腎臓も腸もだんだんと力を取り戻してきますが、早く症状を改善するためには、しばらくの間、とくに腎臓、腸をいたわるような素材を、少し多めに食べてみましょう。

[食べ方のポイント]

・白砂糖やはちみつを使った甘いお菓子や飲み物、氷の入った冷たい飲み物、アイスクリーム、シャーベットなどをできるだけ控えましょう
・肉、卵、乳製品全般も、なるべく避けましょう
・全粒穀物（玄米、その他の穀物）をよく噛んで、たくさん食べるようにします。なるべく、玄米ごはんのように「粒のまま」食べる回数を多くすると、さらにいいでしょう
・ハトムギは、むくみをとる穀物として昔から知られています。そばも腎臓の働きを強化してくれます

・むくみ、便秘の症状が改善するまでは、ごぼう、人参、大根、山芋（長芋、大和芋）などの根菜を少し多めに食べるようにします
・むくみ、便秘の症状が改善するまでは、あずきを週に2〜3回食べるようにします。甘みはつけずに、ごはんに炊き込んだり、スープに入れて食べましょう
・切干大根、干しれんこんなどの干し野菜は、腸や腎臓の働きを高めてくれます。また、食物繊維が豊富なので便秘解消にもいい食材です。少しずつ、毎日、食べるようにしましょう
・海草も腎臓の働きを強化してくれます。ひじき、昆布を少し多めに食べるといいですね
・症状が改善するまでは、ひじき、昆布を少し多めに食べるといいですね

玄米ごはんは少し硬めに炊き、しっかり噛んで食べるようにしましょう。ときどきハトムギやあずきと一緒に炊くのもいいですね。根菜を多めに入れたスープ（ハトムギやあずきを入れるのもおすすめ）や味噌汁を毎日飲み、切干大根や海草も煮物やスープ、サラダ、炊き込みごはんなどいろいろなスタイルで料理して食べましょう。

それでは、腎臓や腸を癒して、むくみや便秘を解消してくれるレシピ例を紹介しましょう。

昔から、「むくみをとる」という効能が知られているハトムギ。
ハトムギ茶もおいしいですが、玄米ごはんと一緒に炊くと、
素朴な味わいが楽しめます。

ハトムギ入り玄米ごはん

材料（ごはん茶碗約4〜5杯分）
玄米　1と3/4カップ
ハトムギ　1/4カップ
水　2と1/2カップ（500ml）
塩　ふたつまみ
青シソ　少々

1. 玄米とハトムギは一緒に洗って、圧力鍋に入れ、分量の水を加えて、2〜8時間浸水させる（p16）。
2. 1に塩を加えて、フタをして中火〜強火にかけ、圧が上がったら弱火にして約30分炊く。
3. 時間がきたら火からおろして、自然に圧が抜けるまで待つ。
4. フタをあけて、木のしゃもじで鍋底から全体をさっくり混ぜる。
5. 4を器に盛りつけ、青シソの千切りを薬味として散らす。

Healing Points
- むくみが気になるとき以外にも、夏の暑いときや心身をリラックスさせたいときなどにおすすめのごはんです。その場合は、圧力鍋で圧をかけずに土鍋で炊くといいでしょう。

あずきとかぼちゃは、「いとこ煮」と呼ばれる組み合わせで、とても相性がよいのです。
素材の自然な甘みが存分に味わえるスープです。

あずきとかぼちゃのスープ

材料（2人分）
あずき　1/4カップ
昆布　3cm角1枚（水につけて戻し、戻し汁はとっておく）
水、昆布椎茸だし　各適量
かぼちゃ　100g
塩　小さじ1/4
醤油　小さじ1/4

1　あずきは洗って、3倍量の水（分量外）と水で戻した昆布と一緒に鍋に入れ、フタをしないで中火〜強火にかける。沸騰したら、1/2カップの水（昆布の戻し汁も含む）を加え、再沸騰したらフタをして、あずきがやわらかくなるまで約40〜50分煮る。途中、水分量をチェックし、必要であれば差し水をして、あずきがいつも水をかぶっているように気をつける。
2　かぼちゃは1cm角くらいの角切りにする。
3　1のあずきがやわらかく煮えたら、ザルなどにあげて、煮汁の量をはかり、昆布椎茸だしを加えて合計2カップ分にする。ザルにあげたあずきをふたたび鍋に戻して、煮汁と昆布椎茸だしを合わせたものを加える。
4　2のかぼちゃを3のあずきの上に均等に並べ、フタをして中火〜強火にかける。沸騰したら火を弱めて、かぼちゃがやわらかくなるまで約15分煮る。
5　4に塩を均等にふり入れて、醤油をまわし入れて、さらに5分ほど煮る。最後に全体をやさしく混ぜ、味をみて、必要であれば塩、醤油などを加えて味をととのえる。

Healing Points

・水分を少なめにしてつくると、「あずきかぼちゃ」という料理になります。
・むくみが気になるときだけではなく、甘いものが大好きだけれども、ちょっと控えたい……という方にも、ぜひ食べていただきたいスープです。

切干大根も根菜も、腸の中、そして血液をきれいにしてくれる頼もしい食材。
からだの余分な水分を外に出しやすくする効果もあるので、便秘とむくみ、どちらの対策にも効果が期待できます。

切干大根と根菜の煮物

材料(2人分)
切干大根　20g(戻し汁はとっておく)
たまねぎ　50g(約1/4個)
大根　50g(約2cm)
人参　50g(約1/4本)
れんこん　50g(約小1/4個)
水(または昆布椎茸だし)　適量
醤油　大さじ1
ごま油(またはなたね油)　小さじ1/2
万能ねぎの小口切り　少々

1　切干大根はさっと洗って、10分ほど水につけて戻す(戻し汁はとっておく)。やわらかくなったら水気をしぼり、食べやすい長さに切る。

2　たまねぎは薄切りに、大根、人参、れんこんはマッチ棒くらいの太さに切る。

3　鍋にごま油(またはなたね油)入れて熱し、2のたまねぎをしんなりするまで炒める。さらに、たまねぎの上に1の切干大根、2の大根、れんこん、人参を順番に平らに重ねて、切干大根の戻し汁を切干大根が半分くらいかくれる程度に加える。このとき、切干大根の戻し汁がたりなければ、水(または昆布椎茸だし)を加える。

4　3にフタをして中火〜強火にかけ、沸騰したら弱火にして約20分煮込む。

5　4に醤油をまわし入れ、さらに2〜3分煮る(このとき、汁気が多ければフタを取ったまま煮る)。煮汁がたくさん残っていたら、火を強めて、ときどきかき混ぜながら汁気をとばすようにする。味をみて、必要であれば醤油を加えて味をととのえる。

6　5を器に盛りつけ、万能ねぎの小口切りを薬味として散らす。

Healing Points
・油を控えたい場合は、油を使わずにウォーターソテー(p45およびp59)でもおいしくつくれます。

Chapter 2
毎日続けてほしいから

わたしたちのからだは、一日で大きく変化するということはありません。元気になるのも、反対に調子が悪くなるのも、少しずつ、少しずつ、時間をかけて、そうなっていくのです。だからこそ、からだに負担のかからない、元気になる食事のつくり方を覚えたら、ぜひ、毎日続けてほしいのです。少しずつでもいいですし、もちろん、完璧でなくてもいいと思います。たとえば、玄米を食べるとか、肉や卵を控えるとか、乳製品をとらないとか、季節の野菜をたくさん食べるとか、どれかひとつでも、毎日続けていくと、きっとからだにうれしい変化が現れると思います。

続けていくためのヒント

教室の生徒さんから、よく、「このお料理はどのくらい日持ちがしますか?」と聞かれます。以前は、そういうときに、「どんなお料理でも、つくりたてがいちばんいい状態にあるので、あまり保存はせずに、その都度つくって食べた方がいいですよ」とお答えしてきました。この答えは、きっと「間違ってはいない」と思います。炊きたての玄米ごはん、つくりたての味噌汁、新鮮な採れたての野菜を調理してすぐに食べる……。もちろん、それが、いちばんからだにとっては望ましいこと。

でも、毎日、毎食のごはんを考えたら……どうでしょう? マドンナのように、すてきなプライベートシェフがいれば別ですが、普通は自分のごはんは、自分もしくは家族のメンバーがつくることがほとんどです。仕事、家事、子育て、ライフワーク、そのほか本当に忙しい生活の中で、毎食毎食、全部1からつくろうと思ったら、それはたいへんなことだと思います。頑張って始めてみて、何日か続けてみたとしても、1日何時間もキッチンにこもる生活にやがて疲れてしまって、「こんなにたいへんなら、や〜めた!」となってしまう……。そして、もとの食生活に戻ってしまったことで、「わたしはやっぱりダメだなぁ」と落ち込んでしまう……。生徒さんの中でも、このような経験をした方が何人もいらっしゃいました。

そんな話を何度も聞くうちに、わたしも、これではいけない、と思うようになりました。「や〜めた」となってしまったら、元も子もない。落ち込みながらごはんを食べるなんて、そんなことがあっちゃいけない!

そんなときに、一緒にマクロビオティックを学んだアメリカの友人の言

葉が頭によみがえりました。

「元気なときには、ときどきハメをはずしたり、いい加減になったりしてもいいと思っているの。でも、病気を治したいときには、ベストの食べ方をした方がいいわね」

「それだ！」と思いました。それが、無理なく、ずっと続けていくコツなのではないか、と。

「メリハリをつけること」、つまり健康をベストに保ちたいときや体調を早く治したいときには、もちろん健康なときでも時間があるときには、炊きたての玄米ごはん、つくりたての味噌汁、できたてのおかずをゆっくりと、時間をかけて食べる。でも、忙しいときには、いろいろ工夫して、なるべく短時間で毎日のごはんをつくれるような工夫をする。そして、ときには、思いきって手抜きもする！とにかく、無理をしないで続けることを優先する──考えてみたら、わたし自身も、

気づかないうちにそうして続けてきたわけだから、それを素直にみなさんにお伝えすればいいんじゃないかなと、そんなふうに、思えるようになりました。

というわけで、この章では、毎日のごはんをもっと簡単に、もっとスムーズに、短時間でつくれるようにするためのアイデアを、いくつか紹介したいと思います。

ごはんをつくり、食べるということは、生活の中心をなす、とっても大切なこと。だからこそ、自分や家族、パートナーに無理を強いてしまうのは、よくないですね。

使いまわしやつくり置き、残り物アレンジなど、いろいろクリエイティブに考えて、食べたいものが毎日簡単に食べられるように、楽しく工夫をしていきましょう！

使いまわし① … 豆

基本のレンズ豆の煮方…レンズ豆の水煮

水で戻さなくてもすぐに使えるレンズ豆は、
クセがなく、使いまわしができて、本当に便利な素材！
キッチンに常備しておきたい豆のひとつです。
まずは、基本の「レンズ豆の煮方」から。

材料（基本量）
レンズ豆（乾燥）　1カップ
昆布　3㎝角1枚（少量の水で戻し、戻し汁はとっておく）
水　2と1/2カップ＋1/2カップ

1　レンズ豆は洗って鍋に入れて、少量の水（分量外）で戻しておいた昆布、水2と1/2カップを加えて、フタをしないで中火〜強火にかける。
2　1が沸騰したら、水1/2カップ（昆布の戻し汁も含む）を加え、ふたたび沸騰したらフタをして、レンズ豆がやわらかくなるまで約30〜40分煮る。
3　途中、水分量をチェックして、必要であれば水（分量外）を少しずつ加え、レンズ豆がいつも水をかぶっているように気をつける。

Healing Points
・レンズ豆は、とてもおいしいだけではなく、脂肪分が少なくて消化もいいので、からだにやさしい料理をつくるにはもってこいの素材です。

いろいろなおかずやスープの素になります！

毎日のごはんづくりをスムーズにこなすには、やっぱり「使いまわし」が便利です。まとめてこしらえておいた「おかずの素（もと）」を、いろいろな料理に変身させる！　時間の節約にもなるし、なによりも自分がすごく料理上手になったような気分が味わえるのがうれしい！

「使いまわし」の素材としてイチオシなのが、豆。とくに、浸水しておかなくても使えて、くせのない味のレンズ豆が便利です。基本のレンズ豆を煮ておけば、野菜たっぷりの豆のシチュー（煮込み）や、みんなが大好きなコロッケ、パンやクラッカーに塗って食べるとってもおいしいパテ（ペースト）を簡単につくることができますし、ドライフルーツや甘味料と合わせれば甘くておいしいあんこやクリームにも変身させることができます。

煮たレンズ豆は、冷蔵庫で真夏は2日間、それ以外の季節は4日ほど保存することができます。

使いまわしレシピ1　**レンズ豆と野菜の煮込み**

レンズ豆の素朴な風味が味わえる、煮込み料理。玄米ごはんにも、パンにもよく合います。カレー粉を加えればカレーに、また、だしでのばして味を調整すればスープ（p77）にと、いろいろに変化させることができます。

材料（つくりやすい分量：約4人分）
レンズ豆の水煮　基本量(p68)の1/2量
たまねぎ　50g
人参　50g
セロリ　50g
れんこん　50g

昆布椎茸だし（または水）　1/2カップ
塩　小さじ1/4
白味噌　小さじ1
麦味噌　小さじ2
パセリのみじん切り　少々

1. たまねぎ、人参、セロリ、れんこんはそれぞれさいの目切りにしておく。
2. 鍋にレンズ豆の水煮を入れて、1のセロリ、たまねぎ、れんこん、人参の順番に重ねていき、昆布椎茸だし（または水）を加えて、フタをして中火〜強火にかける。沸騰したら火を弱めて、野菜がやわらかくなるまで約10〜15分煮る。
3. すりばち（またはボウル）に塩、白味噌、麦味噌を入れて、2の鍋から煮汁を少し取って加え、すりこぎなどでよく溶かしておく。
4. 2の鍋の野菜がやわらかくなったら、3をまわし入れて、そのままかき混ぜずに5分ほど煮る。
5. 最後に全体をやさしく混ぜ、味をみて、必要であれば塩、醤油などを加えて味をととのえる。
6. 5を器に盛りつけ、パセリのみじん切りを薬味として散らす。

Healing Points

・葉野菜（セロリ）、球形の野菜（たまねぎ）、根菜（人参、れんこん）が入っているので、とてもバランスのよい一品です。

素材を順に重ねて、かき混ぜずに煮る、「重ね煮」です。

使いまわしレシピ2　レンズ豆のコロッケ

レンズ豆の甘さがひきたつコロッケは、いくつでも食べられそうなおいしさ。
オートミールも入って、食べごたえ満点です。

材料（つくりやすい分量：約8個分）
レンズ豆の水煮　基本量（p68）の1/2量
オートミール　1/4カップ
にんにく　1/4かけ
れんこん　50g
塩　小さじ1/4
醤油　小さじ1/2
オリーブ油（またはなたね油）　小さじ1/2
パセリのみじん切り　大さじ2
クミンパウダー（好みで）　少々
地粉、水、パン粉　各適量
揚げ油（なたね油、紅花油など）　適量

Healing Points
- コロッケは油を使っていて、なおかつボリュームもあるので、植物性の素材だけでも「物足りなさ」を感じさせません。
- 油の消化をよくするために、大根おろしや大根の千切りを献立に加えるといいでしょう。

1　にんにくはみじん切りに、れんこんはさいの目切りにしておく。オートミールは鍋に入れて、香ばしい香りがしてくるまで弱火で炒る。

2　鍋にオリーブ油（またはなたね油）を入れて熱し、1のにんにくを入れて炒め、いい香りがしてきたられんこんを加えて、油がなじむまで炒める。

3　レンズ豆の水煮をボウルに入れて、2のにんにくとれんこん、1のオートミール、塩、醤油、パセリのみじん切り、クミンパウダーを入れて、よく混ぜる。直径3cmほどの球形または俵型などにまとめる。

4　地粉と水をほぼ同量ずつ合わせて、溶き粉をつくる。

5　3に地粉をまぶし、つぎに4の溶き粉を全体につけて、最後にパン粉をまぶし、余分なパン粉は払い落としておく。

6　揚げ油を中温に熱し（パン粉を一粒落とすと、鍋底まで沈んですぐに浮き上がってくるくらい）、5を揚げる。

＊　好みのソースを添えてどうぞ！

使いまわしレシピ3　レンズ豆のパテ

お豆が素材だとは思えない！と、今までたくさんの方にびっくりされた、
リッチで深い味わいのレンズ豆のパテ（ペースト）。パンやクラッカー、
スティック野菜など、いろいろなものと組み合わせて楽しんでください。

材料（つくりやすい分量）
レンズ豆の水煮　基本量(p68)の1/2量
たまねぎ　1/4個
にんにく　1/4かけ
松の実（塩などまぶしていないもの）
　　1/4カップ
パセリのみじん切り　約大さじ1/2
醤油　小さじ1/2
梅酢　小さじ2
塩　適量
オリーブ油　小さじ1/2

クラッカー（好みのもの）　適量
ハーブ（チャービル、イタリアンパセリ、
　　ディルなど）　適量（好みで）

1　松の実はフライパンで焦がさないように炒ってから、ざっと刻んでおく。
2　たまねぎはさいの目切りに、にんにくはみじん切りにしておく。
3　フライパンにオリーブ油を入れて熱し、2のにんにくをさっと炒め、たまねぎを加えてたまねぎがやわらかくなるまで数分間炒める。
4　レンズ豆の水煮を1、3、パセリのみじん切り、醤油、梅酢とともにフードプロセッサーに入れて、なめらかになるまで撹拌する。
5　味をみて、必要であれば塩、醤油、梅酢などを加えて味をととのえる。
6　クラッカーに5を塗り、ハーブを好みで散らす。

Healing Points
・リッチな味わいなので、ハーブ類を少し添えるとさらに風味がよく、消化の助けにもなります。

基本のタカキビの炊き方

炊いたタカキビは、まるで「ひき肉」のような色と食感。
麻婆豆腐に、春巻きに、ミートソース風に……と大活躍です!

材料(基本量)
タカキビ　1カップ
水　1と1/2カップ
塩　ひとつまみ(または昆布切手大1枚)

1. 目の細かいザルとボウルを重ね、ザルにタカキビを入れて、5～6回水を替えながらよく洗い、水をきっておく。
2. 鍋に1のタカキビと分量の水、塩(または昆布)を入れて、フタをとったまま中火～強火にかけて沸騰させる。沸騰を確認したらフタをして、ごく弱火にして15分炊く。その後、火からおろして2～3分蒸らし、全体をさっくりと混ぜる。

Healing Points
- 炊いた穀物をおかずやスープなどに使いまわすと、穀物を食べる量が自然と増えるので、体調を整える助けになります。

鮮やかな色とキュッキュッとした歯ごたえが特徴です。

使いまわし②…雑穀

- 雑穀も、まとめて炊いておくと便利です! スープに入れたり、餃子や春巻きの中身にプラスしてボリュームをアップさせたり、丸めて焼いたり、揚げたりすることもできます。
- 炊いた雑穀も、冷蔵庫で真夏は2日間、それ以外の季節は4日ほど保存することができます。涼しい季節であれば、常温でまる1日置いておくことも可能です。

使いまわしレシピ1　**タカキビのスープ**

穀物を使ったスープは、滋味あふれるおいしさ。
タカキビの量を増やせば、雑炊にもなります。

材料（つくりやすい分量：約2人分）
- タカキビを炊いたもの　基本量(p72)の1/4量
- たまねぎ　50g（約大1/4個）
- セロリ、しめじ（生椎茸やマッシュルームでもよい）、れんこん、人参　各30g
- 昆布椎茸だし　2カップ
- 塩　小さじ1/4
- 醤油　小さじ1
- オリーブ油（またはなたね油）　小さじ1/2
- ローリエ（好みで）　1枚
- 黒コショウ（好みで）　少々
- パセリ（または万能ねぎなどの薬味）　少々

1. たまねぎ、セロリ、しめじ、れんこん、人参はそれぞれ5mm角程度のさいの目切りにする。
2. 鍋にオリーブ油（またはなたね油）を入れて熱し、1のたまねぎを炒める。甘い香りがしてたまねぎがやわらかくなってきたら、セロリ、しめじ、れんこん、人参の順番に加えて、さっと炒める。
3. 2にタカキビを炊いたもの、ローリエ、昆布椎茸だしを入れてフタをし、中火〜強火にかけて、沸騰したら弱火にし、野菜がやわらかくなるまで約10分煮る。
4. 3に塩、醤油を入れて、ふたたびフタをし、約5分煮る。最後にやさしく全体を混ぜ、味をみて、必要であれば塩、醤油などを加えて味をととのえる。
5. 4を器に盛りつけて、刻んだパセリを散らし、好みで黒コショウ少々をふる。

Healing Points
- セロリなどの葉野菜を増やせば、より心身がほぐれてほっとできるスープになり、根菜類を増やせば、よりからだが温まるスープになります。

使いまわしレシピ 2　**タカキビの焼き春巻き**

揚げないので手軽にできる焼き春巻き（もちろん、このまま素揚げにしてもおいしいです！）。
野菜は、このほかにも好きなものを入れてつくってみてください。

材料（つくりやすい分量：約8本分）
タカキビを炊いたもの　基本量(p72)の1/2量
ショウガ　ひとかけ
　（小指の先くらいの大きさ）
長ねぎ　100g
れんこん　50g
キャベツ　50g
えのき茸　100g
白練りごま　小さじ1
麦味噌　小さじ1
醤油　小さじ1
塩　小さじ1/4
なたね油（または紅花油、ごま油など）　適量
ライスペーパー（生春巻きの皮）　8枚

Healing Points
・穀物を入れると、野菜だけの場合とくらべてボリュームがアップし、おなかもこころも満たされます。

ライスペーパーがまだ固さのあるうちに巻き始めることと、少し力を入れてしっかりと巻くことが失敗しないコツ！

1　ショウガは粗いみじん切りにする。長ねぎは斜め薄切りに、れんこんは小さめのさいの目切りに、キャベツは太めの千切りに、えのき茸は根元の固い部分を取り除いて1cmくらいの長さのざく切りにしておく。
2　フライパンになたね油（または紅花油、ごま油など）を入れて熱し、**1**のショウガを入れて、いい香りがしてくるまで炒める。さらに、長ねぎ、れんこん、キャベツ、えのき茸の順番に入れて、全体がしんなりするまで炒める。
3　ボウルにタカキビを炊いたもの、粗熱をとった**2**、白練りごま、麦味噌、醤油、塩を入れて、手でよく混ぜ、8等分にしておく。
4　ライスペーパーを数秒間ぬるま湯にくぐらせて、まだ固さのあるうちに濡れ布巾の上に置く（作業している間にだんだんやわらかくなってくる）。**3**の8等分にしたうちの1つを手前1cmほどあけてのせ、ひと巻きし、両側を折り込んで、軽く力を入れながら巻いていく。同様にして、残り7つ分を巻く。
5　フライパンになたね油（または紅花油、ごま油など）を入れて熱し、**4**の両面をこんがりとおいしそうな焼き色がつくまで焼く。

使いまわしレシピ3　タカキビの麻婆豆腐

麻婆豆腐好きな人にも太鼓判をもらった、本格的な味わいのレシピです。

材料（つくりやすい分量：約2〜3人分）
タカキビを炊いたもの　基本量(p72)の1/2量
木綿豆腐（固めのもの）　1/2丁（しっかりと水きりをしておく）
長ねぎ、大根、人参　各100g
れんこん　50g
ショウガ　ひとかけ
　（小指の先くらいの大きさ）
赤とうがらし　1本
　（2つに切って、種を取り除く）
戻した干し椎茸　大2枚
　（だしをとった後のものでよい）
昆布椎茸だし　1カップ
豆味噌　小さじ大さじ1と1/2
みりん　小さじ1
醤油　小さじ2
塩　適量
ごま油　少々
粉山椒（好みで）　少々

Healing Points
・油や挽肉をたくさん使った普通の麻婆豆腐にくらべて、ずっと消化もよく、安心してたくさん食べられます。赤とうがらしや粉山椒の量はお好みで。

1　木綿豆腐はなるべく固めのものを選び、しっかりと水きりをしておく。長ねぎ、大根、人参、れんこん、戻した干し椎茸は小さめのさいの目切りにする。ショウガは皮ごと粗いみじん切りにし、赤とうがらしは2つに切って、種を取り除いておく。

2　鍋にごま油を入れて熱し、1のみじん切りにしたショウガを入れて炒める。香りがでてきたら、長ねぎを入れて、さっと炒める。長ねぎの上に戻した干し椎茸、大根、れんこん、人参を順番に重ね入れて、さらにタカキビを炊いたものをほぐして重ね、昆布椎茸だしをそそぎ入れる。最後に赤とうがらしも入れてフタをし、火を強めて沸騰させる。沸騰したら弱火にし、20分煮込む。

3　すりばち（またはボウル）に豆味噌とみりんを入れ、2の鍋から煮汁を少し取って加え、すりこぎなどでよく溶かしておく。

4　2の野菜がやわらかくなったら、3を加え、さらに3分ほど煮る。

5　最後にやさしく全体を混ぜて、醤油を加える。味をみて、必要であれば塩、醤油などを加えて味をととのえる。

6　1の水切りした豆腐を手でくずすか、1.5cm角くらいに切って、5にそっと混ぜ込み、豆腐が温まるまで火を通す。仕上げに、好みで粉山椒をふる。

使いまわし③…できたおかず

素材そのものだけではなく、完成したおかずの「使いまわし」も、楽しいものです。

たとえば、忙しくて帰りが遅くなった日でも、冷蔵庫に「切干大根の煮物」と、「ひじきと野菜の重ね煮」があったら……わたしだったらどうするかというと、閉店ギリギリのスーパーに飛び込んで豆腐をゲットして帰宅。そして、2口のコンロの片方でごはんを炊き、もう片方で味噌汁をつくるという間に「ひじきの白和え」のできあがり！ 切干大根の煮物は、常備してある「ライスペーパー（生春巻きの皮）」に包んで、春巻きにしておきます。ごはんが炊けたら、蒸らしている10分の間に、冷蔵庫の小松菜を洗って、切干大根の春巻きと一緒に蒸し器で数分スチーム♪

これで、ごはんを炊いている間に、味噌汁とおかず3品ができた、というわけです。ちゃんと野菜も、海草も、豆製品も入っているから、バランスもバッチリです。こんなふうに、常備してあるおかずをどうやって活用しようかな〜と考えるのが、わたしは大好き！

それでは、これからこの本で紹介したおかずのレシピ「レンズ豆と野菜の煮込み」（p64）と、「切干大根と根菜の煮物」（p69）、そして「昆布と人参のごま煮」（p33）の使いまわしアイデアを紹介しましょう。

（もちろん、昆布椎茸だしは冷蔵庫に常備！ なければ水にわかめを放り込んでわかめだし！） その間に豆腐をすりばちにくずし入れ、練りごまと味噌と米飴をちょっとずつ入れて、すりすり。それにひじきの重ね煮を混ぜ込んだら、あっという間に「ひじきの白和え」のできあがり！

レンズ豆と
野菜の煮込み

切干大根と
根菜の煮物

昆布と人参の
ごま煮

セヴァン・カリス＝スズキ
ナマケモノ倶楽部編/訳
あなたが世界を変える日
12歳の少女が環境サミットで語った伝説のスピーチ

この星をこれ以上、こわさないで。

世界中を感動させた12歳の少女の環境サミットでの「伝説のスピーチ」が、カラフルな絵本になりました！ 坂本龍一さん・落合恵子さんも絶賛！「ひとりの子どもの力が世界を変えることもあるんだよ」と、すべての子どもに手渡したい一冊です。ISBN978-4-313-81206-2 ●定価1050円

中村純子　自然のめぐみをからだにもらおう
自然素材で手づくり！
メイク＆基礎化粧品

コーンスターチでつくるファンデーションから、口紅やグロス、アイシャドー、せっけん、化粧水、クリームまで、自然な素材で自分の肌に合う安全なメイク＆基礎化粧品が楽しくつくれる簡単レシピ集。自然素材を使った赤ちゃんのスキンケアレシピも好評！
ISBN978-4-313-88046-7 ●定価1470円

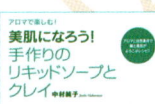

中村純子　アロマで楽しむ！
美肌になろう！
手作りのリキッドソープとクレイ

贅沢に自然素材を使った、肌にやさしいリキッドソープ（液体石けん）で、髪も素肌もつやつやしっとり！　たった15分のかんたんレシピ。ニキビや美白に抜群の効果のクレイ（スキンケア用の泥土）のエステレシピも満載！　おうちに一冊キープしたい美肌のための一冊！ ISBN978-4-313-88047-4 ●定価1470円

大谷ゆみこ

野菜と雑穀がおいしい！簡単炊き込みごはんと絶品おかず

つぶつぶ雑穀ごちそうごはん

炊飯器にいつものごはんと雑穀、野菜を入れて、スイッチ・ポン！ そのままメインディッシュになる新感覚の炊き込みごはんと、炊き込みごはんを活用して作る簡単おかずは、自然の恵みとうま味がぎっしり。ふっくら栄養たっぷりのレシピは、感動的なおいしさです。 ISBN978-4-313-87118-2 ●定価1575円

大谷ゆみこ

野菜と和素材がベースの体にやさしい絶品中華料理レシピ

つぶつぶ雑穀中華

高キビを使った麻婆豆腐や棒餃子、もちキビを使ったふわふわあんかけや炒飯、ヒエを使ったチリソースや水餃子……ヘルシーなコクと一度食べたらおいしくてやめられない、家族みんなが大満足の至福のレシピを一挙大公開。中華冷菜＆中華スープの簡単レシピも収録。 ISBN978-4-313-87128-1 ●定価1680円

大谷ゆみこ

野菜＋雑穀のおいしさが味わえる驚きのパスタソース術

つぶつぶ雑穀パスタ

高キビのボロネーゼ、もちキビのカルボナーラ、ヒエ粉のホワイトクリームパスタ……簡単で、おいしくて、体の元気も引き出してくれる絶品パスタソースレシピ誕生！ 本格イタリアンから和風、アジアンまで、雑穀の多彩な味や食感、風味が味わえる感動レシピが満載です。ISBN978-4-313-87127-4 ●定価1575円

大谷ゆみこ

野菜がたっぷり食べられる毎日のヘルシーレシピ

つぶつぶ雑穀お弁当

炒りもちキビの菜の花弁当、ヒエの蟹爪風フライ弁当、高キビタコミートのラップサンド弁当……野菜と穀物を主役に100％ナチュラル素材だけで作れる、子どもも大人も大満足のお弁当レシピ、初公開。おいしくて栄養もボリュームもたっぷりなのに、体はスッキリ！ ISBN978-4-313-87124-3 ●定価1680円

大谷ゆみこ

甘さがおいしい驚きの簡単スイーツレシピ

つぶつぶ雑穀甘酒スイーツ

雑穀ご飯から簡単にできる繊維とミネラルたっぷりの甘味料「つぶつぶ甘酒」を使って楽しむ NO アルコール、NO シュガーの植物性素材 100％スイーツ！ 各種和洋菓子からアイスクリームまで作れて、ダイエット中の人、アトピーに悩む人には、とくにオススメのレシピ集。ISBN978-4-313-87113-7 ●定価1575円

大谷ゆみこ

砂糖、卵、乳製品なしがおいしい100％ナチュラルレシピ

つぶつぶ雑穀粉で作るスイーツとパン

雑穀粉があれば、いつものおやつやパンが大変身。ミルキーなヒエ粉カスタードで作るプディング、スフレ、雑穀粉が香ばしいタルト、パイ、しっとりコクのある雑穀パンいろいろ……。体にやさしい、安心の甘さやおいしさで、甘いものへの我慢や不安ともさようなら！ ISBN978-4-313-87119-9 ●定価1575円

西野椰季子　der Akkordのからだと心でおいしく楽しむレシピブック
マクロビオティック 毎日のパン・デリ・ごはん

簡単でおいしくて気持ちいい!! 東京・表参道の人気ベーカリー「アコルト」が贈るマクロビオティックごはんのレシピ集。天然酵母パンをおいしく食べるサンドイッチ、手軽にできてからだが喜ぶスープ、玄米やパスタ、サラダやデリもの、スイーツなど、シンプルで長続きできる、毎日役立つ一冊です。ISBN978-4-313-87120-5　●定価1575円

境野米子　自然の恵みをおいしく食べる食育レシピ
こどもに食べさせたいごはんと野菜

穀物と野菜を中心に、豆や乾物、海藻などをシンプルに組み合わせ、日本人の味覚や体質に合ったおいしい味つけのレシピは毎日役立つものばかり。大地の恵みと旬の素材をまるごと食べる簡単ごはんと野菜のおかずは、こどもはもちろん家族みんなを元気にしてくれます。
ISBN978-4-313-87115-1　●定価1680円

境野米子　自然の恵みと暦をゆったり味わう12月のレシピ
こどもと楽しむにほんの行事ごはん

四季のうつろいを感じとり、暦を見直し、自然の恵みを大切にいただきながら、昔ながらの年中行事をじっくり味わう家庭ごはんのレシピ集。先祖が作り続けてきた晴れの日の食を今に活かしながら、家族みんなでにぎやかに楽しめるおいしいレシピがいっぱいのおすすめの一冊。ISBN978-4-313-87126-7　●定価1680円

ウエダ家　北原まどか 文　暮らしにしみ入るおいしさ
酵母ごはん

旬の果物や野菜、ハーブなどをビンに詰めるだけで誰でも簡単に育てられる酵母。そのまま飲めるサイダーみたいなシュワシュワ酵母液、スープ、炊き込みご飯、蒸し物、パンなどの各種メニューからスイーツ、おせち料理まで、おいしくて体にやさしい簡単レシピが満載！
ISBN978-4-313-87110-6　●定価 1680円

ウエダ家　北原まどか 文　野生酵母でつくるレシピ
新しいごはん

化学調味料の強烈な味とは異なり、体にやさしい自然の味わいを育てて楽しむ生きた調味料として注目の野生酵母。五感に響く自然の「うまみ」「あまみ」が、想像を越えたおいしさを生み出し、毎日の食卓を感動的に変えてくれます。マクロビオティックとも相性抜群！
ISBN978-4-313-87117-5　●定価 1680円

natural life

ナチュラルに
気持ちよく暮らしたい。

学陽書房 おすすめの本

大谷ゆみこ　野菜+雑穀で作る簡単おいしいナチュラルレシピ
つぶつぶ雑穀スープ

ヒエ、キビ、アワ、高キビ……人気食材、エコ食材の雑穀と身近な野菜を組み合わせ、手軽な一鍋クッキングで驚くような自然のうま味と栄養がつまった簡単シンプルの雑穀つぶつぶスープ。大地のエネルギーに満ちた体も心もぐんぐん元気になるスープレシピがいっぱい！
ISBN978-4-313-87112-0　●定価 1575 円

大谷ゆみこ　毎日食べたい！からだの元気を引き出す簡単おかず
つぶつぶ雑穀おかず

野菜たっぷりで、感動のおいしさ！　高キビミートボール、もちキビのオムレツ、粒ソバギョウザ……うまさとボリュームたっぷりの人気の絶品レシピが盛りだくさん。雑穀は穀物の仲間にして、挽肉や卵、チーズ、ミルク、お魚などの風味と食感を引き出せる驚きの食材です！　ISBN978-4-313-87122-9　●定価 1680 円

大谷ゆみこ　メインディッシュにもなる簡単ナチュラルレシピ
つぶつぶ雑穀サラダ

腸はスッキリ元気、お肌はツルツル、からだの中からキレイに！　食欲がないときや、ごはんがちょっと重いなと感じるようなときでも、雑穀サラダ一品でしっかり栄養補給できてしまう。主食にもメインディッシュにもちょっとしたおかずにも、また、軽食やおやつにもなるつぶつぶ流サラダの簡単レシピ集。ISBN978-4-313-87129-8　●定価 1575 円

学陽書房
〒102-0072東京都千代田区飯田橋1-9-3　営業TEL.03-3261-1111
振替00170-4-84240　（価格は5％税込価格です）
2009.11

たくさんできたら活用しようレシピ1

レンズ豆と野菜のスープ

豆と野菜の煮込みがたくさんできたら、
翌日はボリュームたっぷりのスープもつくれてしまいます。

材料
レンズ豆と野菜の煮込み(p69)　適量
昆布椎茸だし、塩、醤油、黒コショウなど　適量

1　レンズ豆の煮込みに昆布椎茸だしを加えて好みの濃度までのばす。
2　1に塩、醤油を加えて味をととのえ、好みで黒コショウなどをふる。
＊　煮込みは、軽くつぶしてからのばしてもいいです。

たくさんできたら活用しようレシピ2
切干大根と根菜の煮物のサンドイッチ

切干大根と根菜の煮物は、天然酵母パンととっても相性がいいのです。
素朴な田舎パンやベーグルなどにはさむと、びっくりするほどおいしいサンドイッチがつくれます。

材料
切干大根と根菜の煮物(p64)　適量
好みの天然酵母パン(ベーグルなど)　適量
白練りごま(または無糖ピーナツバターなど)　適量
レタス　適量
豆腐ソース(p44)　適量

1　天然酵母パンに白練りごま(または無糖ピーナツバターなど)を塗る。
2　1にレタス、切干大根と根菜の煮物、豆腐ソースをはさむ。
＊　白練りごま(または無糖ピーナツバターなど)には、好みで醤油、味噌などを混ぜてもおいしいです。

たくさんできたら活用しようレシピ3

昆布と人参のごま煮の混ぜごはん

味のしっかりした煮物は、混ぜごはんの具にぴったりです。

材料
昆布と人参のごま煮（p33）　適量
玄米ごはん　適量

1 昆布と人参のごま煮を小鍋に入れて温め直す（焦げそうであれば、水少々を加える）。
2 玄米ごはんに1を混ぜる。

毎日少しずつバリエーション力

自分でお料理をするようになったのは、恥ずかしながら20代も終わりのころ。はじめのうちはおっかなびっくりで、とにかくレシピの通りに材料を買いそろえ、調味料をはかり……1品つくるのに汗びっしょり、でした。そのころに愛用していた料理のベストセラーになったレシピ本ですが、かなりボロボロになって、油のシミなんかがついています。今でも、まだ捨てられずにとってありますが、本当にお世話になりました〜！

ところが、レシピ通りにつくると、たしかに確実に仕上がるのですが、困ったことがあります。たとえば、大根100gのために、人参50gのために、まるごと1本の大根や3本1パックになった人参を買わなくてはいけないこと！ 残った野菜をどうしたらいいのか……そしてさらなる悩みは、レパートリーが増えない！ レシピ本の中の気に入った何品かだけを、繰り返しつくるようになってしまう。どうしたものか……？

そんなある日、わが家は、有機野菜の宅配サービスに加入することになりました。そのころからオーガニックにしっかりこだわっていた、というわけではなく、とにかく仕事が忙しくて帰りが遅かったので、野菜だけではなく、お米や牛乳（当時はたくさん飲んでいました！）などの重いものも玄関先まで届けてくれるというシステムが、たいへんありがたかったのです。ただ、当時は今と違い、そうした宅配サービスを利用するときには、自分で欲しい野菜を選ぶことができませんでした。畑まかせ、というわけで、その季節に収穫された野菜が段ボール箱にどさっと入って届けられ、なにが入っているかは、「箱を開けてからのお楽しみ」だったのです。

そんな状況に、最初は、「うわっ、どうしよう……」と、ほとんどパニックになっていたものです。それまでは、完全にレシピ・オリエンテッド（はじめにレシピありき）で料理をしていたのが、突然、材料・オリエンテッド（はじめに材料ありき）という正反対の方法で料理をしなくてはいけなくなったのですから！ 野菜の箱が届くたびに、「ひゃあ、また大根！」と小さく悲鳴を上げるわたし。入ってきた野菜のリストを冷蔵庫に貼り出し、毎日なんとか1〜2品を使って、食べ終わったものを消していく……とにかく、新しい野菜の箱が届く次の週まで持ち越してはいけない！（野菜を使いきれず、次週まで持ち越すことを、わが家ではキャリーオーバーと呼んで、不名誉なこととしていまし

た）と必死でした。

そのうちはまだ、レシピ本にかなり頼っていたのですが、「レシピにはカブって書いてあるけれど、大根がたくさん残っているから大根にしてみよう」「レシピには、人参、キャベツ、れんこんって書いてあるけれど、キャベツとれんこんがない……でも、白菜があるからキャベツの代わりになるし、人参はたくさんあるかられんこんの代わりに人参2倍でやってみたらどうだろう……同じ根菜類だし！」といったことを考えるようになったのです。そうしたら、だんだんと、こうした工夫が楽しくなってきたのです。

あまりに忙しくて本当に家で料理をする時間がないときには、宅配をお休みしたりすることもあったのですが、料理がおもしろくなるにつれ、それもなくなってきました。野菜を使いこなす力がどんどんついてきて、そのうち、ついには、新しく届いた野菜を見た瞬間に、「これはこうやって食べよう」というアイデアがわいてくるようになったのです。

これは、その後のわたしの「料理人生」を大きく変えてくれた出来事でした。レシピというのはあくまで「基本形」であり、あとはアイデア次第、また状況次第で、材料や調味料を変え

て、自分オリジナルの味をつくっていくことができるんだ、ということに、はじめて気づいたのです。

「料理が苦手」、「レシピを見ながらでないとつくれない」という相談をよく受けますが、バリエーション力、アレンジ力がつけば大丈夫！たとえば、この本で紹介したレシピも、レシピにあるほかの素材に変えてつくってみてください。ときには、醤油を味噌に変えてつくってください。材料でも、調味料でも、ご自宅にないものは、わざわざ買いに行かなくても、省いてしまってOKです！ こうした工夫、アイデア出しが楽しくなったら、それが「料理が上手になる」ということではないか……と、最近よく思います。

この本で紹介している、からだにやさしい料理のレシピは、シンプルな材料、シンプルな調味料、そしてシンプルなつくり方をしているものがほとんどですので、とてもアレンジがしやすいと思います。どうぞ、レシピ通りではなく、どんどん変えて、新しいおいしさと楽しさを発見してください。

Column

食材の保管

この本で紹介している料理は、昆布やそのほかの海草、干し椎茸、豆、切干大根、雑穀などの「乾物」をたくさん使います。今でこそ、こうした乾物を毎日のように使っていますが、以前は、どうやって使ったらいいのかわからないものばかり、でした。

今でも覚えているのは、はじめて手づくりのチリビーンズをごちそうになったとき、そのおいしさに感動して、たしか築地の豆屋さんでキドニービーンズとひよこ豆を買い、一度だけつくってみたものの、それ以外に使い道を知らなかったために、袋に入れたまま流しの下に放置しておいたら、カビが生えてしまったこと（涙）。干し椎茸を箱でいただいたものの、当時は干し椎茸でだしをとる方法も知らなかったので、どうしてよいかわからず、1～2枚煮物に使ってみた後、そのまま戸棚の奥にしまいこんだままにしていたら、すっかりしけてしまったこともありました。そんなことが何度かあるうちに、すっかり、「乾物は難しい！　苦手！」という意識が、自分の中に定着してしまったのです。

8年前、食生活を変えよう！と一大決心をしてから、乾物をたくさん使うようになりました。はじめは、以前と同じように、買ってきたときに入っていた袋に入れたまま口を輪ゴムで縛って保管していたのですが、あまりにも頻繁に使うので、いちいち輪ゴムをはずして、袋を開けてはまた輪ゴムでしっかり縛って……という作業が面倒になってきたのです（輪ゴムって、意外と弱くて、すぐ切れてしまいますし）。そうこうしているうちに、乾物以外に新しく使い始めたわが家に新規参入の「米飴」「タヒニ」「無糖ピーナツバター」といった食品の空き瓶（びん）が出始めたのです。どれも、しっかりした大きな瓶で、捨てるのももったいないし、とっておくにもかさばるし、どうしよう？　そしてふと、思いつきました。そうだ、干し椎茸の入れ物にしてみよう！

それが、始まりでした。空き瓶はまだあるから、昆布も入れてみよう！長いままだと入らないから、いつも使うサイズにジョキジョキとハサミでカットして入れてみたら、長いまま袋にしまっておいたときよりも、はるかに使いやすいではないですか！　そうだ、使いかけのもちきびも入れてみよう、あずきも、レンズ豆も、ひよこ豆も……というわけで、わが家の乾物は、今、ほとんどガラスの空き瓶に入って

保存されています。ガラスの空き瓶に入れたいろいろな乾物を棚に並べていては、やがて自宅で料理教室をスタートしたときには、それが「かわいい！」と褒めてくださる方が多く、とてもうれしかったのを覚えています。出し入れしやすいし、しけないし、見た目もかわいいし、乾物の保存方法としては、言うことないですよね。

乾物は、素材のもつパワーに太陽の恵みがたっぷりと加わった、とっても すぐれた食品です。こうした、ちょっとした工夫で、乾物を使う料理がさらに楽しくなるといいなぁ、と思います。よかったら、試してみてくださいね。

Chapter 3
パートナーや家族と楽しく続けてほしいから

同じ釜のメシ、という言葉があります。みんなで同じものを食べることで、絆が深まるという意味。食べたものが血液をつくっているわけですから、同じものを食べれば血液の質も似てきて、それが親近感につながる、ということが実際に起こっているのかもしれません。からだにやさしく、しかもおいしいごはん。自分ひとりではなく、パートナーと、家族と、友だちと、一緒に楽しめたら、とってもすてきだと思います。

パートナーや家族と続けていくためのヒント

毎日のごはんは、生活の大切な要素。ただ「食べる」ということではなく、一緒に食べる人と大切なコミュニケーションを育む、という意味もあります。新しい友だちができたとき、気になる人をはじめてデートに誘ったとき、「ごはん食べに行こう」から始まりますよね。ごはんを一緒に食べることには、本当に大きな意味があると思います。

そして、それだけ大切だからこそ、「食生活を変える」ということは、ものすごく大きなこと。白米を玄米に変える、今まで毎日のように食べていた肉を控える、牛乳をやめるなど、どれひとつとっても、なかなかスムーズにパートナーや家族の賛成を得られない場合も、あると思います。なかには割り切って、「わたし一人分だけ玄米を炊いて、ほかの家族とは違う食事をしています」という方もいらっしゃいますが、大切な毎日のごはん、一緒に住んでいるパートナーや家族がいるのなら、できれば同じものを食べた方がいい。

今まで、たくさんの方が、どうやったらパートナーや家族に、食生活を新しい方向に向けていくことをスムーズに理解してもらえるか、という問題に悩んでいるのを見てきました。一緒に考えたり、自分の経験も含めてアドバイスさせていただいたりしているうちに、なんとなく、こんなことなんじゃないかな〜と見えてきたことがあります。

つまり、大切なことは、

・急になにもかも変えようとしない
・一方的に押しつけない
・いちばん大切なことを見失わない

この3つなのではないか、ということです。

食事の方向性を急にガラリと変えようとすると、もしかしたらそれでもうまくいく場合もあるかもしれませんが、たいていは「驚き→抵抗」に出合ってしまうものです。もちろん、肉や卵は食べすぎない方がいいですし、乳製品も白い砂糖も控えた方がからだのためにはおすすめです。また、味が濃すぎるのも脂っこすぎるのも、たしかにあまりいいことではありません。それでも、だからといって、ある日突然、肉も魚も卵もいっさい使わず、味も薄い、油っけのな

妊娠・出産・育児・シュタイナー教育書

大谷ゆみこ

妊娠中から産後、授乳中、離乳期まで

赤ちゃんとママの
つぶつぶ雑穀マタニティごはん

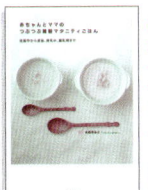

おいしくって毎日かんたん！ 食物繊維が豊富で体をジワリとあたためる効果のあるヒエ、鉄分たっぷりでおっぱいの出をよくするアワ、便秘の解消をうながすもちキビ……雑穀のもつ特性をマタニティ期に特有の症状などに合わせておいしくシンプルに活かし、ナチュラルで健康なマタニティライフ＆育児を応援する簡単ごはんのレシピ集。ISBN978-4-313-87130-4 ●定価1890円

**つぶつぶ流で
ハッピーなマタニティライフ＆ナチュラルな子育て！**

学陽書房
〒102-0072 東京都千代田区飯田橋1-9-3　営業TEL.03-3261-1111
http://www.gakuyo.co.jp　(価格は5％税込価格です)

2009

萩原 光
ちょっと気になる子の育て方
「困った子」がみるみる「いい子」になる方法！

子どもがこんなに素直になるなんて！ かんしゃく、気むずかしい、言葉が遅い、落ち着かない…そんな子がみるみる変わる！ 子どもがだんだん素直に甘えてきて、かわいくてたまらなくなる方法がいっぱい！ 子どもと一緒にいるのが楽しくなってくる一冊です！ ISBN978-4-313-66045-8 ●定価1575円

川井道子
今日から怒らないママになれる本！
子育てがハッピーになる魔法のコーチング

イライラの毎日にさようなら！ 子どものダダ、わがまま、ぐずり、やる気のなさ、などなど「とにかくなんとかしたい！」とアタマを抱える問題も、子育てコーチングを使うとすっきり解決！ 怒るよりずっと効き目のある子育てコーチングはじめませんか？ ISBN978-4-313-66039-7 ●定価1575円

柴田愛子
子どもの「おそい・できない」が気になるとき
もっとラクに乗り切るコツ

言葉の発達が遅い、ほかの子をぶってしまう、幼稚園・保育園・学校に行きたくないというなどなど、子育てで「困った！」とお母さんが悩むことについて、ひとつひとつ、どんなふうに子どもにつきあうとよいかを教えてくれる本。悩めるママがほっとできる一冊です。ISBN978-4-313-66044-1 ●定価1575円

荒井有里
ひとりっ子でよかった
ひとりっ子ほどやさしく がんばりやさんに育つ

「ひとりっ子のままでいいのかしら」と悩むママとパパへ。ひとりっ子にはメリットがいっぱい！ お母さんたちの体験と、保育や教育の第一線で活躍する識者へのインタビューから、「ひとりっ子神話」をこわし、迷わない子育てができるポイントを伝える本！ ISBN978-4-313-66040-3 ●定価1575円

小野わこ
子育て 泣きたいときは泣いちゃおう！
親子が最高に仲良くなるシンプルな方法

子どもの泣き声やダダこねがほとほとつらいという人へ。 泣く子、ぐずる子、かんしゃくにもラクに向きあえるようになる方法を伝える本。親同士で話しを聞き合う「親の時間」という方法で、親の自信を取り戻しましょう！
ISBN978-4-313-66036-6 ●定価1470円

北村年子
おかあさんがもっと自分を好きになる本〈新装版〉
子育てがラクになる自己尊重トレーニング

いいかげんママでいいのだ！ 幸せな親のもとには幸せな子どもが育ちます。この本には、まずおかあさんが自分にやさしくする方法がいっぱい！ 自分や子どものいいとこ探し、夫や友人に自分の気持ちを伝える自己主張トレーニングなど、ママと子どもの自信を育てる楽しい一冊！ ISBN978-4-313-66043-4 ●定価1470円

加納美智子　シュタイナー幼稚園からの子育てアドバイス
今日からできる7歳までのシュタイナー教育

大事なことほど静かにささやくように話しかける、子どもの生活のリズムを整える、子どもと一緒に遊んでみる…そんな小さなことからやさしくはじめられる、おうちでできるシュタイナー教育。親だからできること、小さなことからはじめられる一冊。ISBN978-4-313-66031-1　●定価1575円

ラヒマ・ボールドウィン　合原弘子 訳　子どもの魂の、夢見るような深みから
親だからできる赤ちゃんからのシュタイナー教育

学校に行く前の幼児期のシュタイナー教育を、幼稚園教師の著者が分かりやすく解説。どんなおもちゃがいいのか、だだこねにどう対処するか、生活習慣の身につけ方をはじめ、テレビやお絵かき、歌、ままごとなど、一つ一つ具体的にアドバイス。シュタイナー育児書の決定版。ISBN978-4-313-66016-8　●定価1680円

ヘルマン・ケプケ　合原弘子 訳　自立へと向かう遥かな旅
反抗期のシュタイナー教育

親に対して批判してみたり、何もしゃべらなくなったり。さまざまな陰影を見せるようになる思春期。シュタイナー学校の生徒も例外ではありません。でもその時見せる大人たちの対応はぜんぜん違います。あるシュタイナー学校に舞台を借りて、子どもへの接し方をお話しします。ISBN978-4-313-66026-7　●定価1680円

松井るり子　宝のときを楽しむ
あかんぼぐらし

子育てを早く楽にするコツは、あかんぼを肌身離さず、自分の身体にくっつけていることです。——著者は、母性愛は育てられます、あなたも子どもを可愛がれます、共にいる時間を楽しめますよ、と語りかける。
ISBN978-4-313-66015-1　●定価1575円

保育園を考える親の会 編著　どこに預けられる？
保育園ママ＆パパのための子どもの病気！お助けガイド

「子どもに熱が！でも大事な会議が！」そんなとき、どう乗り切るといいの!?本書には、病気の子どもを預かってくれる場所の情報や、いざというときの態勢づくりのノウハウが満載！　悩んでいる保育園ママ＆パパに必携の一冊！
ISBN978-4-313-66048-9　●定価1680円

グループこんぺいと 編著　ちょっとの工夫で子どもがみるみる自立する！
怒らないしつけのコツ

イラストでわかるしつけのコツ！　ほんのひと工夫で、子どもが自分から楽しんでやりたくなるアイデアがいっぱい！　しつけが楽しくなって、ママもパパも子どももハッピーになれる一冊！　マナーや生活習慣まで、しつけのポイントがこれ一冊でばっちりOK！ISBN978-4-313-66046-5　●定価1470円

きくちさかえ 妊娠・出産とゆったり向き合うための本
お産のレシピ
安産は自分でつくる！ 産院選びのポイント、出産法、からだの整え方やエクササイズ、ヨーガ、医療的基礎知識、お産のシミュレーション、産後のからだとこころのケア……妊娠・出産・産後に役立つ"ポイント"と健康で安心してお産に臨むための"備え"を具体的にアドバイス。ISBN978-4-313-66052-6 ●定価 1680 円

池川 明 カンタンで楽しい胎話のすすめ
おなかの赤ちゃんと話せる本
「ママが話してくれたのおぼえてるよ！」 おなかにいるときから話しかけられた子どもほど、ポジティブな記憶をもって生まれてくるって知ってますか？ 妊娠したら始めたい、親子の絆づくりの方法がわかる本。ISBN978-4-313-66051-9 ●定価 1260 円

池川 明 胎内記憶からわかった子育ての大切なこと
赤ちゃんと話そう！ 生まれる前からの子育て
赤ちゃんはおなかの中にいたときのことを覚えてるって知ってますか？ 3500人以上を対象とした大規模アンケートからわかった赤ちゃんの記憶とは？ 赤ちゃんたちの声が教えてくれる、子どもとママにやさしいお産・子育てがわかる一冊！
ISBN978-4-313-66032-8 ●定価 1470 円

松井るり子 親だからできる幼児期のシュタイナー教育
七歳までは夢の中
3人の子を育てる著者は、アメリカのシュタイナー幼稚園に長男を通わせ、保育にも参加した体験を母親の眼で紹介しながら、わが家の子育てにどう活かしているか語る。母と子の至福の時を大切にする姿勢に、同感・感動の反響が多数寄せられている。
ISBN978-4-313-63027-7 ●定価 1427 円

松井るり子 14歳までのシュタイナー教育
私のまわりは美しい
シュタイナーは人生を7年ごとに区切って、その本質を説明している。8歳から14歳までの第2段階は日本で言えば、初・中等教育時期である。本書は、シュタイナー教育がどう行われているか、日本の教科に沿って具体的に述べている。前著「七歳までは夢の中」の続編。ISBN978-4-313-63028-4 ●定価 1575 円

い食事を「今日からこれがうちの食事です」と出されたら……家族やパートナーは、ちょっとびっくりですよね。ですから、今までの食事からあまりにもガラッと変えないように気をつける、という工夫が、やはり大切だと思います。たとえば、

・肉や卵を、魚になるべく替える。慣れたら、魚の回数も少し減らして、週に数回くらいにしてみる
・乳製品も徐々に減らして、毎日は飲まない、食べないようにする
・野菜中心の食事に物足りなさを感じないように、味つけは薄すぎないように気をつけ、油も必要以上に少なくしないようにする
・テンペ、セイタン、高野豆腐、麩など、植物性たんぱく質を多く含む食品をしっかりとした味つけの料理や揚げ物にすることによって、動物性のものを減らしたことによるボリューム感のなさを補う
・玄米ごはんが食べにくかったら、まずは分づき米にしたり、炊き込みごはんや混ぜごはんで味をつけてみる

といったように、少しずつ変えていく徐々に慣れていってもらうように、いろいろと工夫してみましょう。押しつけないということも、大事。突然、今までとは違った食事を目の前にした家族の戸惑いも、理解してあげましょう! からだにいいからと、頭ごなしに押しつけるのではなく、「おいしいから食べてみて」とすすめてみたり、新しい食材を手に取りながら一緒につくってみるなど、家族と同じ目線で、同じ歩調で、少しずつ食べるもの、食べ方を変えていけばいいと思うのです。

そして最後に、なんのために食事の方向性を変えるのか? もちろん、それは、自分や家族が健康になるためですよね。健康で、幸せな人生を送るために。それなのに、食事のことで毎日喧嘩をしたり、憂鬱になったりしたら、ちっとも幸せじゃない。それは、本末転倒だと思います。「みんなが楽しく幸せであること」という、いちばん大切なことを見失わないこと。このことを、いつも忘れないようにしたいと、わたしも思っています。

> 肉が大好きな人に
> おすすめのレシピ

肉好きを満足させるには、植物性たんぱく質たっぷりの食材を、ボリューム満点に調理すること！ 雑穀を活用するのも、おすすめです。ここで紹介するレシピは、肉好きな人に、「肉が入っているよりおいしい！」と太鼓判をもらったものばかり。ぜひ、お試しください！

黙って出したらチキンカツと思われるとか、いやいや鶏肉よりずっとおいしいとか、とにかく評判の高野豆腐のカツ！ どっさりのキャベツと特製ソースと一緒に召し上がれ。

高野豆腐のカツ

材料（カツ4枚分）

カツ
- 高野豆腐　4枚
- 昆布椎茸だし　1と1/2カップ
- 醤油　大さじ1
- みりん　大さじ1
- 地粉、水、パン粉　各適量
- 揚げ油（なたね油、紅花油など）　適量

キャベツ　適量

スイートMISOソース
- 白味噌　大さじ2
- 豆味噌　大さじ1
- 醤油　大さじ1
- 玄米酢　大さじ1と1/2
- りんごジュース　1/4カップ
- 水　1/4カップ

1. 高野豆腐は多めの水で戻し（約7〜8分）、やわらかくなったら、水気をしぼる。
2. 鍋に昆布椎茸だし、醤油、みりんを入れて、1の戻してしぼった高野豆腐を入れ、中火で沸騰させる。沸騰したらフタをして、弱火で5〜6分煮る。その後、フタを取り、ときどき鍋を傾けて煮汁を全体にいきわたらせながら、汁気がなくなるまで中火で煮詰める（多めにつくれば、このまま高野豆腐の煮物として楽しめる）。
3. 2の高野豆腐の粗熱をとり、軽く煮汁をしぼる。
4. 地粉1に対して1.8〜2くらいの水を入れて、溶き粉をつくる。
5. 3の高野豆腐に地粉、4の溶き粉、パン粉の順番で衣をつけ、170〜180℃の油（なたね油、紅花油など）でキツネ色になるように揚げる。
6. スイートMISOソースのすべての材料を鍋に入れて、かき混ぜながら沸騰させる。煮立ったらごく弱火にして、とろりとするまで煮つめる。
7. 揚げたての5のカツに、千切りにしたキャベツと6のスイートMISOソースを添える。

Healing Points

- 高野豆腐は植物性たんぱく質の固まりで、カルシウムも多く、育ち盛りのお子さんや運動量の多い方にとってもおすすめの食材です。
- 激しいスポーツやからだを動かす仕事をしている方は、こうした植物性たんぱく質の揚げ物（高野豆腐、セイタン、テンペなど）を週に1〜2回食べるといいでしょう。

衣が厚くなりすぎないように、余分な粉やパン粉はしっかりはたき落とします。

▶ 中身は火が通っているので、おいしそうな色がつけばOK！

アメリカでも大人気のテンペ・サンドイッチ！ 照り焼き味がすご〜く合います。
レタスやキュウリなど、お好みの野菜をたっぷりと一緒にはさんで、豪快に食べてください。

テンペの照り焼きサンドイッチ

材料（2人分）
テンペ（100gのもの）　2枚
昆布椎茸だし　1/2カップ
醤油、りんごジュース　各大さじ2
ショウガのしぼり汁　少々
オリーブ油　少々
好みの天然酵母パン　適量
白練りごま（または無糖ピーナッツバターなど）　適量
好みの生野菜（レタスなど）　適量
豆腐ソース（p44）　適量

1　フライパンにオリーブ油を入れて熱し、テンペの両面を色よく焼く。
2　昆布椎茸だし、醤油、りんごジュース、ショウガのしぼり汁を混ぜ合わせて、テンペを焼いている1の鍋に加え、フタをして沸騰したら弱火にし、ときどきひっくり返しながら汁気がなくなるまで煮る。
3　天然酵母パンに白練りごま（または無糖ピーナッツバターなど）を塗り、2のテンペを好みの生野菜、豆腐ソースと一緒にはさむ。
＊　白練りごま（または無糖ピーナッツバターなど）には、好みで醤油、味噌などを混ぜてもおいしいです。

焦げないように弱火で焼きましょう。ひっくり返すのを忘れずに。

Healing Points
・大豆の発酵食品であるテンペは、植物性たんぱく質たっぷり。すごく食べごたえがあるのに、消化がいいのが特徴です。

植物性たんぱく質たっぷりの大きな餃子です。皮も全粒粉で簡単手づくり！
黒豆とオートミールを入れることによって、とにかくボリュームがアップします。

黒豆とオートミール入りのでっかい餃子

こねる時間が長いほど、もちもちした生地になります。
▼

中身を入れすぎると破れるので、少なめに入れましょう。

皮に透明感が出てきたら蒸しあがり。

材料（つくりやすい分量：約10個分）
黒豆（ゆでたもの）　1/2カップ
長ねぎ　20g
しめじ（または生椎茸）　50g
れんこん　20g
ショウガ　ひとかけ
　（小指の先くらいの大きさ）
キャベツ　50g
オートミール　大さじ2
塩　少々
熱湯　大さじ1
麦味噌　小さじ1
醤油　小さじ1
なたね油（または紅花油、ごま油など）
　小さじ1

餃子の皮
　全粒粉（強力粉でも薄力粉でもよい）
　　100g
　地粉　50g
　塩　小さじ1/4
　熱湯　約1/2カップ

1 黒豆はやわらかくゆでて、つぶす。オートミールは小さな器に入れて、塩、熱湯を加えて、5分ほど置いておく。

2 長ねぎ、しめじ（または生椎茸）、れんこん、キャベツは粗いみじん切りにする。ショウガはみじん切りにする。

3 フライパンになたね油（または紅花油、ごま油など）を入れて熱し、2のショウガを加えて炒める。いい香りがしてきたら、長ねぎ、しめじ（または生椎茸）、れんこんを順番に加えて、塩少々（分量外）をふり入れながら、全体に油がなじむまで炒める。

4 ボウルに3、1の黒豆とオートミール、2の粗いみじん切りにしたキャベツ、麦味噌、醤油を入れて、全体がなじむまで手でよく混ぜる。

5 餃子の皮をつくる。全粒粉、地粉、塩をボウルに入れて、熱湯を加え、菜箸でざっと混ぜる。粉の種類によって水分量が多少変わるので、熱湯は様子を見ながら少しずつ加えること。だいたい混ざったら、なめらかになるまで手でこねる。生地はすぐにでも使えるが、1時間〜一晩くらい寝かすと、のばしやすくなる。その後、10等分して丸め、丸くのばす。

6 5の餃子の皮に10等分した4をそれぞれ包んで、蒸気の上がった蒸し器で約10分蒸す。

＊ 餃子の皮は、つくる時間がとれなければ、もちろん市販のものでも OK です。

これは、かなりの自信作！小麦粉のたんぱく質である「グルテン」を固めたセイタンという食材を使ったパスタソースです。
お肉好きな方にも、「ひき肉を使うよりおいしい」と言っていただけるかも⁉ と、ひそかに思っています♪

ミートソース風パスタ

材料(つくりやすい分量：約2〜3人分)
セイタン　100g
人参　100g
れんこん　50g
生椎茸　50g
にんにく　1/2かけ
くるみ　大さじ3
トマト水煮(缶詰)　1カップ
塩　適量
麦味噌　小さじ2
梅酢　小さじ2
醤油　小さじ1
オリーブ油　小さじ2

パスタ(好みのもの)　適量
パセリのみじん切り　少々

1 セイタン、人参、れんこん、生椎茸、にんにく、くるみは粗いみじん切りにする。
2 フライパン(または鍋)にオリーブ油を入れて熱し、1のにんにくを炒める。いい香りがしてきたら、生椎茸を入れて、塩少々をふりながら炒め、しんなりしてきたら、人参を入れてさっと炒める。さらにセイタン、れんこん、くるみも加えて、炒め合わせる。
3 トマト水煮のトマトは手でつぶしてから2に加え、フタをして火を強め、沸騰したら弱火にして、野菜がやわらかくなるまで15分ほど煮る。
4 すりばち(またはボウル)に麦味噌、梅酢、醤油を入れて、3の鍋から煮汁を少し取って加え、すりこぎなどでよく溶かしておき、3の鍋に加える。
5 鍋の全体を混ぜて、フタを取ったまま5分ほど弱火で軽く煮詰める。味をみて、必要であれば塩、醤油、梅酢などを加えて味をととのえる。
6 パスタをゆでて、器に5のソースとともに盛りつけ、パセリのみじん切りを散らす。

> 思いっきりおいしい
> スイーツが食べたいときの
> レシピ

甘いものはよくないから！と、いきなり食卓からお菓子をなくしてしまうのは、とっても悲しいこと。甘味料にも、からだにやさしいものがたくさんあります。甘味料の原料の水飴や甘酒、また、砂糖大根が原料の未精製甜菜糖やメープルシロップなどが、お菓子づくりにはおすすめです。
ここでは、思いっきりおいしいスイーツが食べたい人のために、からだにやさしく、しかもとってもおいしい、とっておきのお菓子のつくり方を紹介しましょう。

いちごのショートケーキが、子どものころから大好きです。
ここ数年は、生クリームや卵を使わないバージョンも大好きになりました。
スポンジケーキは焼かずに蒸すので、ふんわりしっとり！

いちごのショートケーキ

材料（約8人分）
スポンジケーキ
　Dry
　　地粉　100g
　　全粒小麦粉　50g
　　ベーキングパウダー　小さじ1と1/2

　Wet
　　豆乳　90ml
　　なたね油　大さじ4
　　甜菜糖シロップ　大さじ2
　　　（甜菜糖3に対して水1の割合で
　　　煮溶かしたもの）
　　りんごジュース　大さじ3
　　バニラエッセンス　少々
　　塩　ひとつまみ

豆腐クリーム
　木綿豆腐　400g
　　（しっかりと水きりをしておく）
　メープルシロップ　大さじ5
　バニラエッセンス　少々
　レモンのしぼり汁　小さじ1
　塩　ひとつまみ

ストロベリーソース
　無糖ストロベリージャム　大さじ2
　りんごジュース　大さじ4

いちご　1/2パック（半量はスライスし、
　残りはトッピング用に好きな形に切る）

[スポンジケーキ]
1　Dryの材料は乾いたボウルに入れて、よく混ぜる。Wetの材料は別のボウルに入れて、全体が均一になるまで泡立て器などでよく混ぜる。
2　キッチンペーパーになたね油（分量外）を含ませて、ケーキ型の内側を拭いておく。底がはずれるタイプのケーキ型や流し缶などを使うと便利。
3　1のDryのボウルにWetの中身を入れて、木べらなどでていねいによく混ぜる。2のケーキ型に入れて、蒸気の上がった蒸し器で25〜30分蒸す。蒸し上がったら、粗熱をとって型からはずし、すぐに使わないときには、乾燥しないようにラップをかけておく。

[豆腐クリームとストロベリーソース]
4　豆腐クリームの材料はすべてフードプロセッサーに入れて、なめらかになるまで攪拌する。
5　ストロベリーソース用の無糖ストロベリージャムとりんごジュースは混ぜ合わせて、よくジャムを溶かしておく。

[仕上げ]
6　3のスポンジケーキは厚みを半分にスライスし、ケーキを蒸した型にスライスした片方を入れて、5のストロベリーソースの半量を均等にまわしかける。
7　6に4の豆腐クリームの半量を塗り、いちごの半量（スライスしたもの）をのせる。さらに、もう片方のスポンジケーキを重ね、残りのストロベリーソースを回しかける。
8　7の上面に残りの豆腐クリームを塗って、しばらく冷蔵庫で冷やしておく。仕上げに残りのいちごをトッピングする。
＊　バニラエッセンスは、あればオーガニックの天然のものを使うと、香りのよさが際立ちます。

Healing Points
- いちごのほかにも、柑橘類や桃、ブルーベリーなど、季節の果物を使ってつくってみましょう。

ストロベリーソース、クリーム、いちごを順に重ねます。重ね終わったら冷蔵庫で休ませると、味がなじんで、よりおいしくなり、カットもしやすくなります。

世界中のありとあらゆるクッキーの中で、おそらくわたしがいちばん好きなのが、
赤城美知子さんがつくる、このロールクッキーとジャムサンドクッキー。
お茶の時間に焼きたてをほおばると、しみじみと幸せな気持ちになります。今回はレシピを提供してくれて、ありがとう！

クッキー2種 (recipe by toricot 赤城美知子)

シナモンレーズン・ロールクッキー

材料（約15個分）
Dry
- 全粒薄力粉　125g
- 地粉　125g
- 塩　小さじ1/8

Wet
- メープルシロップ　75g
- なたね油（または紅花油）　75g

レーズン　80g
りんごジュース　適量
塩　ひとつまみ
シナモン　適量

1. レーズンは粗く刻んで小鍋に入れ、りんごジュースをひたひたにそそぎ入れる。塩ひとつまみを加えて火にかけ、少し汁気を残して火からおろし、冷ましておく。
2. Dryの材料は大きめのボウルに入れて、泡立て器で空気を含ませるように混ぜ合わせる。
3. 別のボウルにWetの材料を入れて、どろっと乳化するまで泡立て器でよく混ぜ合わせる。
4. 2の粉類に3を一度に加え、ゴムべらで混ぜ合わせる。このとき、練らずにさっくりと混ぜるのがポイント。粉っぽさがなくなったら、生地を厚手のビニール袋に移し入れる。
5. 4のビニール袋の上から生地を麺棒で縦22cm×横30cmくらいの大きさにのばし、ビニールを切り開く。
6. 5ののばした生地の巻き終わりとなる部分を少し残して、まんべんなく1のレーズンを散らし、シナモンをふりかける。
7. ビニールを巻き簀のようにして、手前からくるくると巻く。
8. 7を約2cmの厚さに切り分け、オーブンペーパーを敷いた天板に切り口を上にして並べ、170～180℃に予熱しておいたオーブンで20～30分焼く。全体に焼き色がついたら焼きあがり。

ココアのジャムサンド・クッキー

材料（直径5cmの花型20～25個分）
Dry
- 全粒薄力粉　115g
- 地粉　115g
- ココアパウダー　大さじ2
- 塩　ひとつまみ

Wet
- メープルシロップ　75g
- なたね油（または紅花油）　75g

お好みの無糖ラズベリージャム、
　無糖ブルーベリージャム　各適量

Healing Points
- ジャムは無糖のもの（フルーツジュースで甘みをつけたもの）がおすすめです。あっさりして、クッキーの風味を引き立てます。
- クッキーは日持ちがするので、贈り物にもぴったりです。

1. Dryの材料は大きめのボウルに入れて、泡立て器で空気を含ませるように混ぜ合わせる。
2. 別のボウルにWetの材料を入れて、どろっと乳化するまで泡立て器でよく混ぜ合わせる。
3. 1の粉類に2を一度に加え、ゴムべらで混ぜ合わせる。このとき、練らずにさっくりと混ぜるのがポイント。粉っぽさがなくなったら、生地を厚手のビニール袋に移し入れる。
4. 3のビニール袋の上から生地を麺棒で6～7cmの厚さにのばし、ビニールを切り開く。
5. 4ののばした生地を型抜きで抜く。そのうち半分はストローなどで真ん中に穴をあける。型抜きした残りの生地はまたひとつにまとめ、麺棒でのばして同様に型抜きを繰り返す。
6. 5の生地を天板に並べ、170～180℃に予熱しておいたオーブンで15分くらい、ふちと底に軽く焼き色がつくまで焼く。焼きあがったら、網にのせて冷ましておく。
7. クッキーが冷めたら、穴の開いていないクッキーにジャムを少量のせて、穴の開いているクッキーと合わせてサンドする。

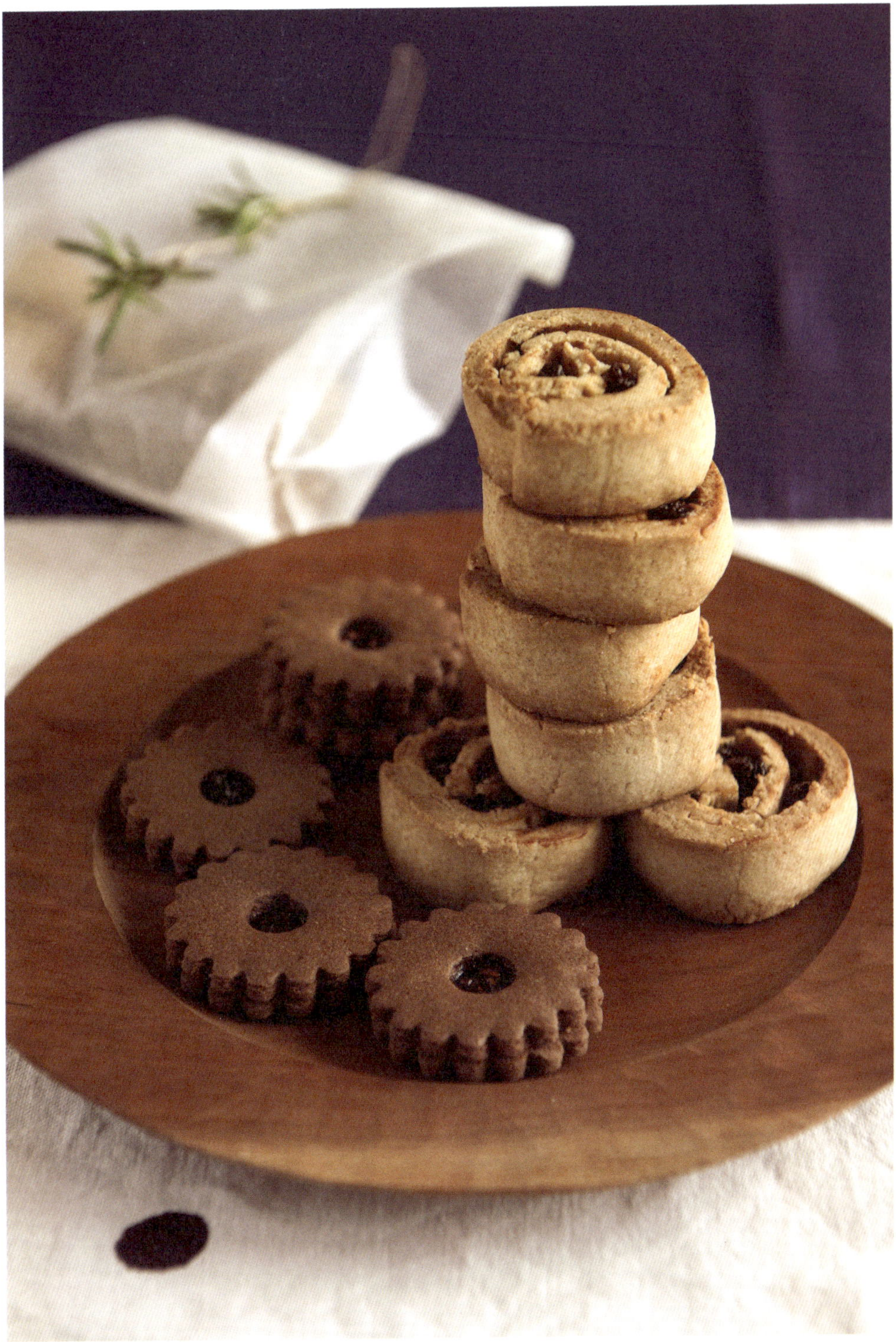

いちごのショートケーキと同じつくり方で、モンブランも簡単にできてしまいます。
甘栗と甘酒でつくる絶品マロンクリームを、たっぷりのせてどうぞ！

和風モンブラン

材料（約8人分）

スポンジケーキ
- Dry
  - 地粉　100g
  - 全粒小麦粉　50g
  - ベーキングパウダー　小さじ1と1/2

- Wet
  - 豆乳　90ml
  - なたね油　大さじ4
  - 甜菜糖シロップ　大さじ2
    （甜菜糖3に対して水1の割合で
    煮溶かしたもの）
  - りんごジュース　大さじ3
  - バニラエッセンス　少々
  - 塩　ひとつまみ

豆腐クリーム
- 木綿豆腐　400g
  （しっかりと水きりをしておく）
- メープルシロップ　大さじ5
- バニラエッセンス　少々
- レモンのしぼり汁　小さじ1
- 塩　ひとつまみ

マロンクリーム
- 甘栗（むいたもの）　1カップ
- 水　適量
- 塩　ひとつまみ
- 玄米甘酒　1カップ
- 豆乳　大さじ2

飾り用甘栗（むいたもの）　適量

[スポンジケーキ]

1　Dryの材料は乾いたボウルに入れて、よく混ぜる。Wetの材料は別のボウルに入れて、全体が均一になるまで泡立て器などでよく混ぜる。

2　キッチンペーパーになたね油（分量外）を含ませて、ケーキ型の内側を拭いておく。底がはずれるタイプのケーキ型や流し缶などを使うと便利。

3　1のDryのボウルにWetの中身を入れて、木べらなどでていねいによく混ぜる。2のケーキ型に入れて、蒸気の上がった蒸し器で25～30分蒸す。蒸し上がったら、粗熱をとって型からはずし、すぐに使わないときには、乾燥しないようにラップをかけておく。

[豆腐クリーム]

4　豆腐クリームの材料はすべてフードプロセッサーに入れて、なめらかになるまで攪拌する。

[マロンクリーム]

5　甘栗を小鍋に入れて、ひたひたになるくらいの水と塩を加えてフタをし、中火にかける。沸騰したら弱火にして、甘栗がやわらかくなるまで約10分煮て、粗熱をとっておく。

6　5を玄米甘酒、豆乳と一緒にフードプロセッサーにかけて、なめらかになるまで攪拌する（好みでブランデー少々を加えてもおいしい）。

[仕上げ]

7　3のスポンジケーキに6のマロンクリームと4の豆腐クリームをたっぷりのせて、飾り用の甘栗をトッピングする。

＊　マロンクリームと豆腐クリームはスポンジをスライスして間にはさんでもいいですし、スポンジケーキをサイコロ状に切って、グラスなどの中でマロンクリーム、豆腐クリームと交互に重ねてもかわいいです。

Healing Points
- 玄米甘酒は、玄米が原料のとっても甘くて使いやすい甘味料。クリームになんともいえない旨みとコクをプラスしてくれます。なければ、甜菜糖シロップを使ってください。
- 甘栗の甘さは、砂糖ではなく自然の甘み。脂肪分も少ないので、おやつやデザートに安心して使えます。

Self Healing Lifestyle

セルフ・ヒーリング・ライフスタイル

自分で自分を癒し、元気にすることができる食生活、ライフスタイルについて、わたしが自分の経験から「大切だなぁ」と思うことを、最後にまとめてみたいと思います。

メリハリをつける

食生活をなるべくバランスのよいものにしようと決めてから、8年ほどが経ちました。全粒穀物、野菜、豆、海草を中心とした食生活にし、肉や卵、乳製品、白砂糖をなるべく控えるようにしたら、それまで感じていたいろいろな心身の不調が、驚くほどすっきりと、軽くなりました。

肉や魚はそれほど大好きというわけではなかったのですが、卵や乳製品、白砂糖の入った甘いものが大好物で、毎日のようにたくさん食べていたわたし。こと食べることに関しては、我慢することが苦手で、高校生のころから何度もいろいろな「ダイエット」にトライしては失敗してきたわたし。そんなわたしが、曲がりなりにも、このバランスのとれた食事を続けることができ、食生活を軌道修正できたことには、じつは自分でもびっくりし

ているのです。

おそらく、続けることができたのは、わたしのこのいい加減な性格ゆえに、「真面目すぎず」「無理せず」「メリハリをつけて」やってきたからではないかと思います。

料理教室に来てくださる生徒さんたちの中には、とても真面目に、食事を変えることに取り組んでいらっしゃる方が多く、本当に頭が下がります。自身の体調がよくなった、パートナーがすっきりスマートになった、こどもが風邪をひきにくくなった、などというお話をきくと、うれしい限りです。

でも、ときどき、「わたしにはやっぱり無理です」とおっしゃる方も……。「どうしても、肉や乳製品を食べてしまう」「甘いお菓子がやめられない」「やっぱり自分は意思が弱いから無理……」などなど、真面目で、真摯な性格の方ほど、「思ったように」「きちんと」した食事ができない」ことに対して、

悲しくなったり落ち込んだりしてしまうようです。

そんなときわたしは、不真面目でいい加減な性格だからこそできる、アドバイスをさせていただいています。

「お肉食べたって、お砂糖食べたって、また玄米や野菜中心の食事に戻せば、それで大丈夫じゃないですか〜♪」

全粒穀物をたくさん食べ、おかずは季節の野菜、豆、海草中心といった食事にすると、食べすぎによって溜まった余分なものが排出されやすくなります。つまり、そういったバランスのとれた食事を、あなたの「ベーシックなごはん」にすればいいと思うのです。

そうすれば、ときには肉や卵や砂糖の入った甘いデザートを食べすぎたとしても、「ベーシック」に還ることによって、バランスを取り戻し、食べすぎた余分なものを出してしまうことができる。

これって、とてもすてきなことだと思います。

肉、卵、乳製品、白砂糖……これらは、「毎日たくさん食べてしまう」ことが、問題なのだと思います。こうしたものは、「ときどき」、思いっきり楽しんでおいしくいただき、「ふだん」は、全粒穀物、野菜、豆、海草中心の、自分の「ベーシックなごはん」に還る。そして、万一体調を崩したら、この本で紹介しているように、ちょっと普段より気を遣っ

た「症状をラクにするための食事」を、2〜3日から1週間くらい試してみる。

こういう「メリハリ」が、続けられるコツなのではないか、と思います。

肉を食べたからって、それを「悪いこと」だと思う必要なんて、ぜんぜん、まったく、ありません！自分の食べるものなのだから、自信をもって自分で選べば、それが正解です。

そうして、ほどよい「メリハリ」で続けていくうちに、きっと、体調がよくなってくると思います。

そうすれば、バランスのとれた食事が、もっともっとおいしく感じられるようになってくる。肉や甘い砂糖のお菓子が、以前よりずっと、欲しくなくなってくる。自然にそうやって続けながら、体調が改善していくというのが理想的だと、わたしは思います。

いつも前向きな気持ちでいる

からだとこころは、つながっています。からだの調子が悪いと、こころまで落ち込んでしまいがち。そしてその逆も、もちろんあります。落ち込んだり悲しんだり、怒ったり、そういう感情がずっと続いていると、からだにも影響してくると思い

ます。これは、東洋医学の教えであり、自分でもすごく実感していることです。

「前向きな気持ち」でいること。なにか好ましくないことが起こっても、それを、「おかげで、大切なことに気づかせてもらった」と捉えること。「持っていない」ものに対して焦ったり、不満になったりするのではなく、「自分に与えられているもの」に対して感謝すること。「よいことも悪いことも、あらゆる経験が自分の成長につながる」と考えること。「自分を支えてくれる人がいるからこそ、今の自分があるんだ」と感謝すること。

食事のおかげでバランスがとれてきたせいか、こういった考え方が、以前よりずっと素直にできるようになりました。そうすると、気持ちが明るくなり、からだも軽くなり、ますます気持ちが前向きになります。落ち込んだり、自分に起こったネガティブな出来事を誰かのせいにしそうになったりしても、なんとか気持ちを切り替えて、前向きに考えていくと、胸のつかえや、胃の痛みも、すーっとラクになります。

ストレスで病気になる、とよくいわれていますが、ストレスをつくり出しているのは、他人との関係や、自分の周りの出来事だけではなく、「起こったことを必要以上にネガティブに捉えてしまう自分自身」にもあるのではないでしょうか。最近、

そのことにやっと気づきました。どんなことも、前向きに受け止めるようにこころがけて、からだとこころの方向性を、よい方向にいつも向けていけたらいいな、と考えています。

からだを動かす

川は、流れの速いところは水もきれいですが、流れが滞ると、よどんで濁ったり、ゴミがたまってしまいます。わたしたちのからだの中にも、川のように、血液、体液、そしてエネルギーが流れています。そうした流れを、よどませることなくいつもスムーズに循環させておきたい。

そのためには、老廃物のたまりにくい（全粒穀物、季節の野菜、豆、海草、漬け物などを中心とした）食事をすることがとても大切ですが、それだけではなく、「よくからだを動かす」ことも、同じように大切なことです。歩いたり、ストレッチをしたりして、てきぱきとからだを動かして仕事や家事をしたりすることにより、からだの中の流れが、滞ることなくスムーズに流れます。足や腰の状態によって、動かしづらいときには、立ったまま腕を前後に振るだけでも、血行やエネルギーの流れがとてもよくなります。それも難しいときには、手や足の指

Self Healing Lifestyle

をマッサージしたり、手を開いたり閉じたりするエクササイズもいいでしょう。

あとは、「呼吸」です。呼吸とは、「内臓のマッサージ」ともいわれます。よい呼吸とは、胸の浅いところではなく、おなかの奥深くまで息を吸い込み、吐くときはおなかも胸も空っぽにする、というイメージで行う「腹式呼吸」。深く呼吸することによって、新鮮な酸素が血液にのってからだの隅々にまで行きわたり、内臓を活性化させてくれるのです。

どんなによいものを食べても、その食べものがもたらしてくれるエネルギーがからだの中に停滞してしまったら、もったいないですよね。食材の命からいただいた、大切なエネルギー。からだを動かすことや、深く呼吸することによって、最大限に活用したいものです。

自然とつながっていることを思い出す

わたしたちは、とかく「自然を大切に」とか「自然を守る」とか、自分たち人間と自然とを別物のように考えがちですが、わたしたちも「自然の一部である」ということを、忘れてはならないと思います。

赤ちゃんが、動物の進化の過程をそのままなぞりながらお母さんのおなかの中で成長するということ。女性の月経周期が、月の満ち欠けと同じ28日であること。季節が移り変わるにつれて、わたしたちのからだも変化していくということ。こうした、いくつかの例を考えてみただけでも、わたしたちが大自然の申し子であるということが、実感できると思います。

だからこそ、わたしたちがその一部である「家族」としての、「家」としての、「自然」を大切にする。それはすなわち、自分自身を大切にすることになるのです。

オーガニックなもの、環境汚染のもとになったり有害物質を出したりしないものを、食べる、買う、使う。使い捨てをなるべくやめる。こうしたことは、もちろん、「次世代のため」に自然環境を守ることにもつながりますが、なによりも、自然の一部である「自分のため」になるのです。

自然とのつながりを思い出し、大切にし、意識することによって、太陽の恵みや季節の恵みを、よりありがたく、感じることができるようになります。海や山や木々のもたらしてくれるものを、よりうれしく受け取れるようになります。その感覚が、また、わたしたちの心身をより健やかに保ってくれるのだと思います。

玄米と雑穀類

いちばんたくさん食べたい、大切な Human Food である穀物。その中でも、いちばんわたしたちにとって身近なのが玄米です。

玄米は、胚芽と糠がついたままの米ですが、農薬は胚芽の部分に溜まってしまうそうなので、農薬がたくさんかかった玄米を食べるのはおすすめできません。無農薬や低農薬の米を選ぶようにしましょう。ただし、自然食品店の店頭にある無農薬玄米は、非常に値段が高いものが多いので、多少送料がかかっても、インターネットなどを通じて直接農家から購入する方法も、とってもおすすめです。農家を探すのがたいへんであれば、たとえば厳選米ドットコムなどのサイトから購入するのもいいアイデアだと思います。

雑穀類は、ほとんどが農薬を使わないで栽培できるそうなのですが、安心のためには国産のものを購入するのが望ましいですね。

野菜

野菜は、とにかく、なるべく自然なものを食べるのがいちばん！最近は、以前と比べると有機栽培や自然栽培（農薬はもちろん、有機肥料さえ使っていない無農薬無肥料栽培）の野菜が、ずいぶん手に入りやすくなってきました。有機JAS認証マークがついていなくても、大切に慈しんで栽培されている安全な野菜がたくさんあります。

オーガニックとは、単に「有機肥料を使った」とか「無農薬の」という意味ではなく、その野菜の栽培方法、輸送方法、店頭での扱われ方などのすべてが、食べる人の健康だけではなく、野菜のつくり手や、環境のことまで考慮に入れて行われている、ということです。「すべてつながっている」という意味——英語のオーガニックという意味は、そこにあるのですね。

ですから、なるべくつくり手の顔の見える野菜を、なんらかのかたちで生産者や売り場の人と対話をしながら購入できれば、理想的だと思います。

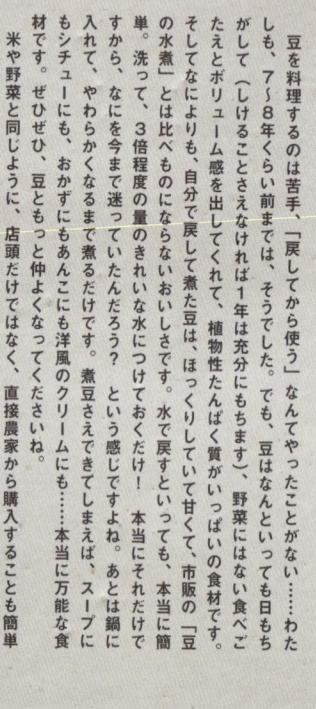

豆

豆を料理するのは苦手、「戻してから使う」なんてやったことがない……わたしも、7〜8年くらい前まではそうでした。でも、豆はなんといっても日もちがして（しけることさえなければ1年は充分にもちます）、野菜にはない食べごたえとボリューム感を出してくれて、植物性たんぱく質がいっぱいの食べもの。そしてなによりも、自分で戻して煮た豆は、ほっくりしていて甘くて、市販の「豆の水煮」とは比べものにならないおいしさです。水で戻すといっても、本当に簡単。洗って、3倍程度の量のきれいな水につけておくだけ！本当にそれだけですから、なにを今まで迷っていたんだろう？という感じですよね。あとは鍋に入れて、やわらかくなるまで煮るだけです。煮豆さえできてしまえば、スープにもシチューにも、おかずにもあんこにも洋風のクリームにも……本当に万能な食材です。ぜひひ、豆ともっと仲よくなってくださいね。

米や野菜と同じように、店頭だけではなく、直接農家から購入することも簡単にできます。海外の豆は、残念ながら遺伝子組み換えのものもあるので、国産の豆か、海外産ならばオーガニックのものを選びましょう。

海草

海に囲まれている日本は、たくさんの良質な海草に恵まれています。「海の幸」とは、魚介類よりも、むしろ海草のことなのでは!?と思えるほど、カルシウムをはじめとするミネラルに富み、食物繊維が多いので、体内の老廃物をすっきり外に排出してくれます。また、血液をきれいにしてくれる効果、そして、もちろん髪を黒く美しくしてくれる力も期待できます。さらに、貧血や冷え性の方の強い味方でもあります。豆と同様、しけないように気をつければ1年以上もちますし、5〜10分くらいで簡単に水に戻せます。おいしいしもどれますし、穀物、豆、野菜との相性も抜群!

普通のスーパーでも買えますし、もちろん自然食品店や乾物専門店に行けば、豊富な種類が手に入ります。なるべく、国産の、天然のものがおすすめです。

調味料

本書で紹介している料理で使う調味料は、ほとんどが、塩、醤油、味噌、酢、そして植物油です。おいしい料理をつくるためには、これだけで充分！

さて、こうした調味料はスーパーでもどこでも普通に売っていますが、残念ながら、すべてが「質のよい」ものではないようです。「昔ながらの伝統的な製法」でつくられたものも多いので、なるべく選ぶことをおすすめします。多少（といっても2～3割程度が大半）値段は張りますが、おいしさがまったく違います。

また、とくに塩、醤油、味噌は、味つけだけではなく、からだに必要なミネラル分や微生物をとり入れる手段でもありますから、とくに品質には気を配りたいものです。時間があるときに、信頼できる自然食品店の店頭に行って、説明を聞いてみるといいでしょう。値段が高ければ高いほどいい、というものではありません。自分で納得できるものを使うことが、いちばんいいと思います。

参考文献

- 久司道夫『マクロビオティック健康法』(新装改訂版)、日貿出版社、2004年
- Michio Kushi, with Alex Jack. *The Book of Macrobiotics : The Universal Way of Health, Happiness and Peace.* Japan Publications, 1997.
- Michio Kushi, with Edward Esko. *Holistic Health through Macrobiotics : A Complete Guide to Mind / Body Healing.* Japan Publications, 1993.
- Aveline Kushi and Wendy Esko. *The Complete Whole Grain Cookbook.* Japan Publications, 1997
- T.Colin Campbell and Thomas M. Campbell II. *The China Study : The Most Comprehensive Study of Nutrition Ever Conducted and the Startling Implications for Diet, Weight Loss and Long-term Health.* Benbella Books, 2006.
- World Cancer Research Fund / American Institute for Cancer Research. *Food, Nutrition, Physical Activity, and the Prevention of Cancer : a Global Perspective.* American Institute for Cancer Research, 2007.
- Kristina Turner. *The Self-Healing Cookbook : A Macrobiotic Primer for Healing Body, Mind and Moods With Whole, Natural Foods.* Earthtones Press, 2002.

おすすめ食材の入手先＆方法

　マクロビオティックや自然食の食材は、「値段が高いですね」とよく言われます。確かに、その通りかもしれません。一般のスーパーなどに売っているものよりも、平均して２〜３割、値段が高いのではないかと思います。
　もちろん、「値段が高ければ高いほどいい」というものでは、決してないと思います。でも、昔ながらの方法で、手を抜かずに、有害な添加物などを使わずに、時間をかけてじっくり丁寧につくられている食材には、やはりそれなりの対価をお支払いしたいと、わたしは思っています。それに、そういった食材を食べて健康でいられれば、病院に行ったり薬を買ったり、ドリンク剤や健康食品などを買ったりする頻度が減るわけですから、そう思えば、高い買いものではないかもしれない、と思いますし、ほかのところで無駄遣いをなるべくしないようにして、自分や家族の健康にとって大切な「食」に、優先順位をおきたいと考えています。
　お米や野菜などの生鮮食品に関しては、どこで買うかによって、かなり値段が違ってきます。基本的には、生産者から直接購入する方法が一番コストがかかりません。農協や問屋、小売店などが間に入っていないからです。また、生産者と知り合いになれば、田んぼや畑を見学に行ったり、お手伝いに行ったり、という交流も生まれて、とても楽しいものです。ただ、実際、すぐに生産者の知り合いをつくるというのもなかなか難しいので、そういう場合には、生産者の窓口になってくれる会社（宅配、インターネット販売）から購入するというのも、よい方法だと思います。そのようなビジネスは、年々増え続けてきていてたくさんの選択肢があるので、自分で直接確かめながら、「安心して食べられるおいしいお米や野菜を、できるだけリーズナブルに購入する」方法を、自分自身で開拓していくことが大切だと思います。
　これからの時代、自分で自分の食べるものの入手経路を、納得できるかたちでしっかりと確保する、ということが、ますます必要になってくるでしょう。

　ここで紹介するのは、わたしが家で食べるための、また料理教室で使うための食材を購入しているお店の一部です。これらのお店が一番おすすめ、というわけではないのですが、家から近い、たまたま紹介された、などのさまざまなご縁があった中から、いまでもお付き合いが続いている、わたしにとって一番身近なお店たちです。
　みなさんも、ぜひ、ご自分の目で確かめて、食材のよりよい入手先をみつけてくださいね！

● 大地を守る会（会員制宅配：インターネット販売あり）
http://www.daichi.or.jp/

● 有機野菜・無農薬野菜のミレー（会員制宅配：インターネット販売あり）
http://www.millet.co.jp/

● 厳選米ドットコム（インターネット販売）
http://gensenmai.com/

● ナチュラル・ハーモニー（実店舗：会員制宅配あり）
http://www.naturalharmony.co.jp/
下馬本店（他に支店あり）：東京都世田谷区下馬6-15-11
TEL03-3418-3518　FAX03-3418-0888

● 自然食糧品店　グルッペ（実店舗）
http://www.gruppe-inc.com/
荻窪本店（他に支店あり）：東京都杉並区荻窪5-27-5
TEL03-3398-7427　FAX03-3398-8651

● GAIA（ガイア）（実店舗：会員制宅配あり）
http://www.gaia-ochanomizu.co.jp/
お茶の水店（他に支店あり）：東京都千代田区神田駿河台3-3-13
TEL03-3219-4865　FAX 03-5280-2330

● ナチュラルハウス（実店舗：会員制宅配あり）
http://www.naturalhouse.co.jp/
青山店（他に支店あり）：東京都港区北青山3-6-18
TEL03-3498-2277

● クレヨンハウス（実店舗：会員制宅配あり）
http://www.crayonhouse.co.jp/home/index.html
東京店：東京都港区北青山3-8-15
TEL03-3406-6308　FAX03-3406-6376

● 野菜ソムリエの店 Ef：（エフ）（実店舗）
http://www.efagri.co.jp/
用賀店（他に支店あり）：東京都世田谷区用賀4-16-1
TEL03-3708-4600　FAX03-3708-4601

● 自然食品の店 F&F（実店舗）
http://www.shizensyoku-ff.com/
玉川高島屋店（他に支店あり）：東京都世田谷区玉川3-17-1
TEL03-5491-2281

おわりに

There is nothing good or bad in Macrobiotics.——マクロビオティックに、「よい」「悪い」という考え方はない。これは、わたしの恩師、ルチ先生が口癖のようにおっしゃっていた言葉です。

わたしが勉強し、みなさんにお伝えし、この本の考え方のベースになっているマクロビオティックは、動物性食品や白砂糖をひかえるという側面がどうしても目立ってしまい、とても「制限の多い」ルールだらけの」食事法である、と勘違いされることが少なくありません。

いちばん多く受ける質問も、「○○は食べてもいいんですか?」とか、「△△は食べちゃいけないんですよね」といったものの。わたしも、はじめのころは、先生にそういう質問をよくしていましたっけ。

そんなときに、いつもルチ先生から返ってきたのが、その言葉でした。There is nothing good or bad in Macrobiotics.

その言葉の意味が、最近やっと、自分自身の実感として、わかってきたような気がします。

マクロビオティックは、「食べもののつ性質や作用を理解して、それを自分の健康に役立てる」という食事法。決して、誰かに「これは食べてもよい、食べてはいけない」と決めてもらってそれに従う、というものではないと思います。

そして「健康になる」「健康を維持する」というのは、とても大切なことではありますが、それが「目的」となってしまわないように気をつけたい、とも思っています。健康を取り戻して、あるいは、健康を維持することによって、自分のやりたいことをやり、行きたいところに行ける充実した人生を送る。からだが健康であることによってこころも安定し、人間関係もより楽しく、実りあるものになる。これらは、「バランスのとれた食事をする」ことによっ

てもたらされる、本当に素晴らしい結果だと思います。

だから、ひとつひとつの食べものの「よい」「悪い」を気にしたり、「あれはダメ、これはダメ」と悩んだりしないで、「自分にとっていちばんよい食べものは自分で決める!」と、おおらかな気持ちで、毎日の食事を楽しんでいくのがいちばんいいと思います。

ときには、動物性のものが入っていたって白砂糖が入っていたって、それが心をこめてつくられた、家族や大切な人や友だちとの楽しい食事であれば、それはわたしにとって、とても大切な食事です。食べた後で、数日間しっかりデトックス効果の高いシンプルな食事をすればいいわけですし、そういったバランスも、上手にとっていけたらいいな、と思っています。

食べることは、人生の大きな楽しみであり、人と人との絆をなによりも強める

大切なこと。

この本を手に取ってくださったみなさんが、いろいろな意味でバランスのとれた、楽しくつくれておいしく食べられて、そして、おまけに健康になるような、そういった食生活を楽しむための小さなヒントとして、この本を活用してくださったら、これほどうれしいことはありません。

最後に、今回の本の制作に力を貸してくれた講師仲間や生徒さん、今回も温かくスタイリッシュな本づくりの実現に大きな力を発揮してくださったスタイリングのますみえりこさん、カメラマンの沼尻淳子さん、また学陽書房と本づくりにかかわってくださったすべてのみなさん、そしてわたしをいつも支えてくれる大切な友人たちと家族に、こころから感謝の意を表したいと思います。

二〇一〇年四月

天野朋子

About us

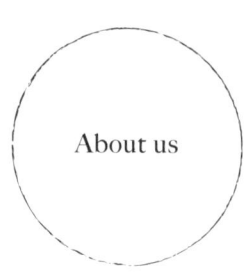

マクロビオティックとナチュラル・クッキングの教室
「Whole Foods Studio（ホール・フーズ・スタジオ）」についてのお話——

　2004年にスタートさせた、小さな料理教室です。忙しく充実した日々を送りながら、食生活にも気を遣ってなるべくすこやかに過ごしたい、というみなさん向けに、「楽しくつくっておいしく食べて、気がついたら健康になっている」をテーマに、基礎から応用までいろいろなコース、クラスを行っています。
　はじめは、自宅の一室でひとりで始めたのですが、おかげさまで生徒さんの数も講師仲間も増えたので、自宅の近所にスペースを借りて、クッキングスタジオとして独立させました。
　「マクロビオティックの基本をしっかり学んでいただくベーシックコース」「動物性食品を使わないでバラエティ豊かなお料理を紹介するクラス」「からだにやさしいナチュラル・スイーツのクラス」、そして、「豆、雑穀、海草、味噌などの素材をテーマにしたクラス」などがあり、定員12名という少人数なので、アットホームで気軽に参加できる雰囲気が自慢です。
　紹介しているお料理は、すべて、講師のオリジナル！ いかに簡単に、おいしく、しかもからだにいいお料理を紹介できるか、日夜知恵をしぼって考えた選りすぐりのレシピばかりです。
　Whole Foods Studioのほかにも、恵比寿や小淵沢のクシマクロビオティックのスクールで講師、通訳の仕事をさせていただいていますが、わたしのベースは、やはり、このWhole Foods Studio。たとえ多少疲れていても、落ち込んでいても、教室で生徒さんの顔を見ると本当に元気になります。そして、自分がいいと思うこと、大切だと思っていることを、自分の言葉で直接、みなさんに紹介できるこの仕事を、心からありがたいと思っています。
　お忙しい中、また遠方まで来てくださって、わたしにたくさんの学びの機会をくださる生徒さんたちに、そして、一緒にWhole Foods Studioを支えてくれている講師仲間に、こころから感謝しています。

● Whole Foods Studio／ホール・フーズ・スタジオ
　東京都世田谷区玉川台（最寄駅：東急田園都市線用賀駅南口から徒歩1分）
　http://home.e01.itscom.net/macro/

Thanks to

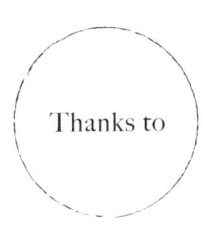

レシピ提供（p92-93「クッキー2種」）：赤城美知子（toricot 主宰、Whole Foods Studio 講師）
レシピ提供（p25「海苔の煮ない佃煮」）：前島哲朗（我や）
調理協力：高橋裕子、天野美穂、荒井桃子、大田和歩美、早瀬治美

撮影：沼尻淳子
スタイリング：ますみえりこ

ブックデザイン：原 圭吾（SCHOOL）

天野朋子 *Tomoko Amano*
マクロビオティックインストラクター

広告・マーケティング業界で長く働くうちに、ふとしたことからマクロビオティックと出会い、アメリカKushi Instituteでマクロビオティックを学ぶ。帰国後、Whole Foods Studio（ホール・フーズ・スタジオ）を設立、主任講師として、「楽しく、おいしく、しかもからだにいいお料理とスイーツ」の普及をめざすほか、Kushi Institute of Japanなどでも講師、通訳を務める。

Whole Foods Studioの
セルフ・ヒーリング・クッキング
玄米、豆、野菜、海草で元気を引き出す毎日のごはん

2010年6月24日　初版印刷
2010年6月30日　初版発行

著者　天野朋子（あまのともこ）

発行者　佐久間重嘉
発行所　株式会社 学陽書房
　　　　東京都千代田区飯田橋1-9-3　〒102-0072
　　　　営業部　TEL03-3261-1111　FAX03-5211-3300
　　　　編集部　TEL03-3261-1112　FAX03-5211-3301
　　　　振　替　00170-4-84240
印刷　文唱堂印刷
製本　東京美術紙工

Ⓒ Tomoko Amano 2010, Printed in Japan
ISBN978-4-313-87134-2　C2077

乱丁・落丁本は、送料小社負担にてお取り替えいたします。
定価はカバーに表示してあります。